和谐校园文化建设读本

中小学生如何强身健体

孟晓光　王庆然　李文龙/编著

吉林教育出版社

图书在版编目(CIP)数据

中小学生如何强身健体 / 孟晓光，王庆然，李文龙编
著. — 长春：吉林教育出版社，2012.6（2022.5重印）
（和谐校园文化建设读本）
ISBN 978－7－5383－8753－7

Ⅰ．①中⋯ Ⅱ．①孟⋯ ②王⋯ ③李⋯ Ⅲ．①中小学
生－体育锻炼 Ⅳ．①G806

中国版本图书馆 CIP 数据核字(2012)第 115954 号

中小学生如何强身健体		孟晓光　王庆然　李文龙　编著
策划编辑	刘　军　　潘宏竹	
责任编辑	庞　博	**装帧设计**　王洪义
出版	吉林教育出版社(长春市同志街 1991 号　邮编 130021)	
发行	吉林教育出版社	
印刷	北京一鑫印务有限责任公司	
开本	710 毫米×1000 毫米　1/16　　13 印张	**字数**　165 千字
版次	2012 年 6 月第 1 版　2022 年 5 月第 3 次印刷	
书号	ISBN 978－7－5383－8753－7	
定价	39.80 元	

编　委　会

总 序

千秋基业，教育为本；源浚流畅，本固枝荣。

什么是校园文化？所谓"文化"是人类所创造的精神财富的总和，如文学、艺术、教育、科学等。而"校园文化"是人类所创造的一切精神财富在校园中的集中体现。"和谐校园文化建设"，贵在和谐，重在建设。

建设和谐的校园文化，就是要改变僵化死板的教学模式，要引导学生走出教室，走进自然，了解社会，感悟人生，逐步读懂人生、自然、社会这三部天书。

深化教育改革，加快教育发展，构建和谐校园文化，"路漫漫其修远兮"，奋斗正未有穷期。和谐校园文化建设的研究课题重大，意义重要，内涵丰富，是教育工作的一个永恒主题。和谐校园文化建设的实施方向正确，重点突出，是教育思想的根本转变和教育运行机制的全面更新。

我们出版的这套《和谐校园文化建设读本》，全书既有理论上的阐释，又有实践中的总结；既有学科领域的有益探索，又有教学管理方面的经验提炼；既有声情并茂的童年感悟，又有惟妙惟肖的机智幽默；既有古代哲人的至理名言，又有现代大师的谆谆教诲；既有自然科学各个领域的有趣知识，又有社会科学各个方面的启迪与感悟。笔触所及，涵盖了家庭教育、学校教育和社会教育的各个侧面以及教育教学工作的各个环节，全书立意深邃，观念新异，内容翔实，切合实际。

我们深信：广大中小学师生经过不平凡的奋斗历程，必将沐浴着时代的春风，吸吮着改革的甘露，认真地总结过去，正确地审视现在，科学地规划未来，以崭新的姿态向和谐校园文化建设的更高目标迈进。

让和谐校园文化之花灿然怒放！

本书编委会

目　录

第一章　健康的基本理念

第一节　健康释义

健康是人类最重要的财富,然而在对待健康的问题上,不同时代有不同的认识。在传统的观念中,人们大都把健康理解为没有生病,且往往仅在生病的时候才会去寻求医生的帮助,把自己的健康完全托付给了医生,托付给了药店。事实上,许多疾病的发生并不是一朝一夕的事,而是有相当长的潜伏期,如动脉粥样硬化,在青少年时期便开始形成,如能积极建立科学的生活方式,这些病症是可以延缓发生甚至不发生的,否则自恃年轻力壮而忽视防微杜渐,只会使其提前加速形成。当今社会,人们甚至可看到二十多岁的冠心病患者和中风患者,实在是有点儿悲哀。

当前出现的"现代文明病"主要是由于生活方式不科学,如营养失调、不运动而导致的一类疾病,如高血压、冠心病、中风、糖尿病、肥胖症、骨质疏松等。这些又称作"生活方式疾病""富贵病""运动不足病"。

一、什么才算是"健康"

　　现代"生物－心理－社会"医学模式健康观认为:现代健康的含义并不仅是传统意义上的身体没有病而已,根据"世界卫生组织"的解释:"健康不仅指一个人身体没有出现疾病或虚弱现象,而是指一个人在生理上、心理上和社会上的完好状态。"这就是现代关于健康较为完整的科学概念。简单地说,就是健康不仅包括身体健康,而且应包括心理健康和社会适应健康等几个方面。

现代健康的含义是多元的、广泛的,包括生理、心理和社会适应性三个方面,其中社会适应性归根结底取决于生理和心理的素质状况。心理健康是身体健康的精神支柱,身体健康又是心理健康的物质基础。良好的情绪状态可以使生理功能处于最佳状态,反之则会降低或破坏某种功能而引起疾病。身体状况的改变可能带来相应的心理问题,生理上的缺陷、疾病,特别是痼疾,往往会使人产生烦恼、焦躁、忧虑、抑郁等不良情绪,导致各种不正常的心理状态。作为身心统一体的人,身体和心理是紧密依存的两个方面。

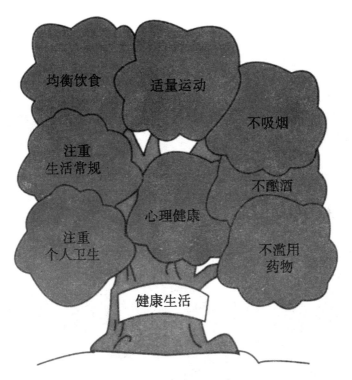

健康是一种身体上、精神上和社会上的完全良好状态。也就是说健康的人要有强壮的体魄和乐观向上的精神状态,并能与其所处的社会及自然环境保持协调的关系和良好的心理素质。没病不等于健康,我们要健康,不要亚健康。

根据上述标准,据推测,我国大约只有15％的人处于健康状态,另外15％的人处于疾病状态,而其余70％的人波动于健康与疾病之间的某一种状态,即亚健康状态。

二、亚健康

世界上最重要的就是生命,其中人的生命是所有生命中最重要的形式,而每个人的生命又是独一无二的。因为有了我们每个独一无二的人,世界才如此丰富多彩;因为有了天真烂漫的孩子,世界才如此生机勃勃,充满希望。因此,我们应该善待孩子,善待生命。怎样才算是善待生命呢? 首先应从我们的健康开始,健康是进入幸福殿堂的通行证。

(一)没病就是健康吗

环顾四周总能发现这样的人,他总是萎靡不振,很少有什么事能使他提起精神,不论食物如何美味,也很难使他胃口大开,他总是不停地抱怨"我很烦、我很累、晚上总是睡不好……"让他去医院检查一下,他却说:"我健康着呢!"如此等等。这种还不是明显地需要去医院治疗的疾病,但并不是说这种状态就等于是健康的状态。世界卫生组织很早就提出了有关健康的定义,即前面提到的"健康不仅指一个人身体没有出现疾病或虚弱现象,而是指一个人在生理上、心理上和社会上的完好状态"。那么,什么又是所谓的"亚健康"呢?

(二)什么是"亚健康"

亚健康是一种临界状态,处于亚健康状态的人,虽然没有明确的疾病,但却出现精神活力和适应能力的下降,如果这种状态不能得到及时的纠正,非常容易引起身心疾病。亚健康即指非病非健康状态,这是一类次等健康状态,是介于健康与疾病之间的状态,故又有"次健康""第三状态""中间状态""游移状态""灰色状态"等称谓。世界卫生组织将机体无器质性病变,但是有一些功能改变的状态称为"第三状态",我国称为"亚健康状态"。这种状态可以持续很长时间,表现为近似健康,又近似病态,但既非健康,又非病态。通过个体的努力,可以向健康方向转变,也可能向疾病方向转变。

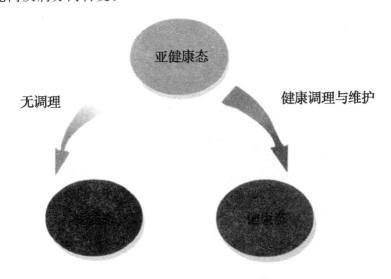

亚健康态

无调理

健康调理与维护

健康态

（三）亚健康的主要表现及易发人群

处于亚健康状态的人仍然可以从事正常的工作和学习,不过常在身体上、心理上出现某些不适症状,如身体易疲劳,心慌气短,胸闷憋气,心烦意乱;经常盗汗,出虚汗,自己稍不注意就感冒,怕冷;舌尖发红,舌苔厚腻,口苦,咽干;面色有滞,目围灰暗;视力模糊,头胀头疼等症状。

那么,哪些人容易处于"亚健康状态"呢?

1. 学生群体,尤其是那些处于升学压力下的毕业班学生,或者是学业上吃力却没有成效的学生。

2. 长期从事脑力劳动者、中老年人、月经期和更年期的妇女,由于运动时间少等原因,容易出现亚健康状态。

3. 具有不良生活习惯(如经常饮酒、吸烟、喝浓咖啡)的人;患肥胖症的人;有不良饮食习惯(如暴饮暴食)的人;不重视健康的生活方式、熬夜工作的人。

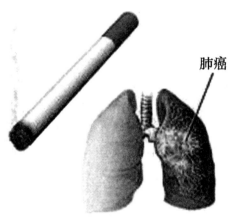

肺癌

三、健康的标准

(一)世界卫生组织提出的衡量健康的十大标准

1989 年联合国世界卫生组织对健康下的定义:"健康不仅是没有疾病,而且包括躯体健康、心理健康、社会适应性良好和道德健康"。

1. 充沛的精力,能从容不迫地应付日常生活和繁重的工作而不感到过分紧张和疲劳。

2. 处世乐观,态度积极,乐于承担责任,事无大小,不挑剔。

3. 善于休息,睡眠良好。

4. 应变能力强,适应外界环境中的各种变化。

5. 能够抵御一般感冒和传染病。

6. 体重适当,身材匀称,站立时头、肩、臂位置协调。

7. 眼睛明亮,反应敏捷,眼睑不发炎。

8. 牙齿清洁,无龋齿,不疼痛,牙龈颜色正常,无出血现象。

9. 头发有光泽，无头屑。

10. 肌肉丰满，皮肤有弹性。

其中前四条为心理健康的内容，后六条则为生物学方面的内容（生理、形态）。

（二）中小学生身体健康的外在标准

1. 行动轻快

家长或教师通常会发现健康的孩子行动时身体好像没有任何束缚，走路、活动都非常轻松，充满生命活力。

2. 无明显身体意识

健康的孩子通常意识不到身体的存在，健康的成年人也是如此。只有在生病或感觉不舒服时，才意识到身体或身体某一部位的存在。

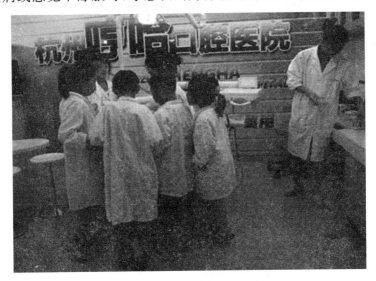

3. 活动时有快乐感

每个孩子在活动时都很快乐，如果在身体上或精神上受到约束，就会感到很烦躁或很沮丧。教师一般都有这样的经验：当学生坐立不安时，如果让他活动，他马上就会高兴起来。如果一个孩子不喜欢活动，可能是身体不舒服或者有心事。

4. 精力充沛

健康的孩子能完成他们想干的事情，这并不是说孩子的肌肉力量很强，而是他们认为自己有足够的精力去完成日常生活中的事情。

5. 热情

健康的孩子即使累了,也不愿意放下他们已经干了很长时间的事情,因为他们从自己所做的事情中得到了一种满足感,即使累了也感觉不到。

6. 睡眠好,能迅速地消除疲劳

一般来说,健康的孩子在早上九时时精神状态最好。如果孩子精神状态不好,一副无精打采的样子,可能是晚上睡得太晚或者睡眠质量太差。有的孩子虽然能够按时睡觉,但睡眠质量差,到学校就出现萎靡不振的状态,这样的孩子通常不会被诊断为患有某种特殊的疾病,而是一般功能低下。经常处于这种功能低下的状态又会导致健康状况下降,如果孩子长期处于这种状态,家长、教师应该认真对待。

7. 放松

在学校时情绪很放松,对于孩子的健康是非常有必要的,这也是检验孩子是否健康的一个标准。大多数孩子偶尔会表现出紧张情绪,但一个长期处于紧张、疲劳状态的孩子,不是一个健康的孩子,以后也不会是一个健康的成年人。因此,对于这样的孩子,应该通过正确的方式帮助他们消除疲劳和紧张情绪。

8. 食欲稳定,不变化无常

孩子挑食通常是由于家庭饮食不当所导致的,但更常见的是与健康状况低下有关,不过这应该由医生做出诊断。正常的孩子偶尔会出现食欲不振,一般是因疲劳、感冒、其他方面或对某一件事情担心所致。但孩子如果长期食欲不振,则应该引起家长和学校的重视。

9. 体重变化不大

孩子在青少年时期,体重逐渐增大,但增长的速度各不一样。如果孩子的体重变化太大,比如,在一个星期内体重无明显原因骤然下降1~2千克,然后体重又自动恢复,如此往复循环,这时就应该去做检查。健康孩子的体重应该保持相对稳定,变动较小。

10. 无残缺或应纠正的身体缺陷

如不需要助听器纠正的耳聋或者其他的身体缺陷。

（三）中小学生心理健康的标准

虽然每个孩子的心理状况是不一样的,但心理健康的孩子一般会表现出以下的特征：

1. 高度的自尊心

每个心理健康的孩子都应该认为自己很有价值,是独一无二的,应该受到他人的尊重。

2. 通过社会认可的渠道获得自我满足感

每个孩子都是以自我为中心的,努力使自我得到满足。社会对于人如何达到自我的满足有一定的规定,孩子通过戒律和榜样来学会社会认可的自我满足的方式。参加一些公益的活动,来表达和展现自己充满爱心和同情心；通过加入一些社团、组织等来彰显自己的价值；参加一些比赛,来展示自己的才能和姿态。

3. 安全感

没有什么人能获得绝对的安全感,但作为孩子,他们需要并寻求同龄人的认同,以此增加自己的安全感。

4. 自信

所有的孩子都会有一种自卑感,无论是由于哪个方面所产生的,如家庭环境、家庭条件,父母关系或成员关系,自身的学习能力或社会交往能力等方面因素。但通过获得技能和经验,这种自卑感将会慢慢地消失,取而代之的却是一直想拥有的自信。

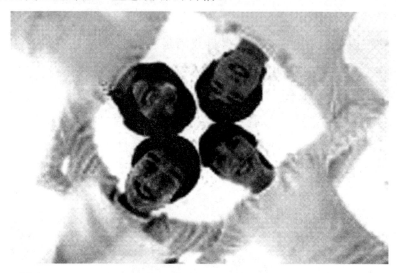

5. 勇气

有勇气面对新的情况和困难,是孩子健康快乐的生活中必不可少的条件,如孩子在青少年时期经常害怕失败,成年以后他也会害怕失败。在青少年时期,应该有意识地去培养孩子的承受能力和抗挫折能力。

6. 情绪和行为稳定

没有任何人的情绪和行为能保持绝对的稳定,但心理健康的孩子情绪和行为的波动范围应该很小,不能时常出现大范围的波动和变化。

7. 有条不紊

做事情有一定的条理性和逻辑性,这对于高质量的生活是必不可少的。例如孩子能够按时起床;前一天晚上能够把自己明天要穿的衣服整理好,放在自己的床前,将所需的物品整理好,不至于第二天出现手忙脚乱的状况;对自己的时间支配得合理、有效;做好课前的各种相应准备及考前的复习等。

8. 适应能力强

生活总是不断地变化,事物总是在不断地发展,心理健康的孩子应该能够根据环境的变化而迅速地调整自己的状态和心态,以最快的速度、最好的状态去适应周围环境的变化。例如能够很快地融入一个新的集体,能够很快地与陌生人进行沟通和交流。

9. 自律

心理健康的孩子有一定的自律能力,不会任性而为。自己能够控制住自己的行为和有失偏颇的想法,能够对自己的行为承担责任。

10. 独立性强

在一个复杂的社会里，人们都是相互依存的，但有独立性的孩子在面对压力时，首先依靠的是自己的力量和能力，而不是一遇到问题和压力的时候就彻底地去依赖别人，失去了自己的立场和主意。

11. 真诚

每个人在交往的过程中都喜欢真诚待人、落落大方的人，而不喜欢那种矫揉造作、扭扭捏捏并伴有虚情假意的人。作为一个社会的个体，在人际交往中就应该以诚相待，心理健康的孩子应该是真诚的。

12. 良好的控制情绪的能力

任何人都不能保证这一辈子每天都很快乐、高兴，谁都会有不愉快的经历，会有沮丧的情绪，心理健康的孩子能够控制这种消极情绪，较快地从不愉快的情绪中解脱出来，代之以积极的行为。

13. 充足的快乐感

人的一生有时会经历失败，但如果总是失败，就会对人的心理健康有所伤害。一个孩子如果相信自己能够成功，他通常就会为此努力，最终获得成功，成功的喜悦对于孩子的心理健康很重要。人的一生不可能永远有幸福的感觉,但一般来说,心理健康的人常常是快乐的,什么事情都是习惯向好的方向去想,然后向着那个好的方向去努力、去奋斗,感受事物的角度也是积极乐观的,常常感受到充足的快乐感。

14. 感受幽默的能力

一个正常的孩子常常会发现生活中的很多事情都非常有趣,并从中感受到快乐和幸福,继而带给别人同样的快乐和幸福。另外,学会自嘲对于保持健康的心理也是很重要的。

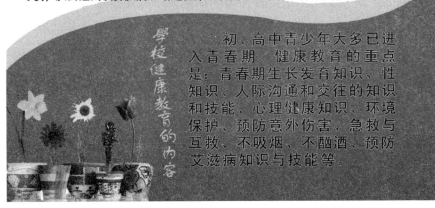

健康教育宣传栏

学校健康教育的含义?

学校健康教育是通过课堂教学和健康教育活动,使掌握常见病防治和卫生保健知识,增强学生自我保健意识,养成科学、文明、健康的生活方式和行为习惯,从而达到预防疾病、增进健康、提高学生个体和群体的健康水平的目的。

学校健康教育的内容

初、高中青少年大多已进入青春期。健康教育的重点是:青春期生长发育知识、性知识、人际沟通和交往的知识和技能、心理健康知识、环境保护、预防意外伤害、急救与互救、不吸烟、不酗酒、预防艾滋病知识与技能等。

15. 真心地关注他人

主动真心地关注他人是适应社会的基础,一个善于关注他人的孩子通常不会有过分的自我意识、尴尬或者有孤独感,通过关注他人来获得自我满足感是培养良好社会适应能力的关键。真心地关注他人会使交流更容易,并能增强人的社会活动能力。

第二节　影响健康的主要因素

追求健康长寿是人类共同的目标。从远古神农尝百草为民治病、百姓祭天、求神消灾、保佑平安，到如今名目繁多的各种营养保健品，都反映了人类从未间断过渴望找到维持健康的手段。在我国古代养生保健史上，虽然有许多好的养生术，但始终是医巫并行。历代许多皇帝都曾把长生不老的希望寄托于虚无缥缈的神灵或仙丹上。到现代，人们已明白维持健康并无灵丹妙药。

随着科学技术的进步，社会文明的发展，国际间交流的日益频繁，信息传递的便捷，人们的健康意识日渐趋同。同时，影响人们健康的因素也在发生着变化。最为明显的是：过去主要是苍蝇、蚊子、细菌、病毒这一类的生物因素危害人类的健康，现在发展为除了生物因素外，心理因素、行为因素、环境因素、社会因素等，都成了影响人类健康的重要因素。例如丰富、方便的饮食，诱人的烟酒，便利的交通，养尊处优的生活，残酷的竞争压力等，都隐藏着对健康的危害，这些就是更深刻、难度更大的第二次卫生革命的主要对象。

健康是诸多因素相互交叉、渗透、影响、制约的结果。下面我们就将这些因素分别做进一步的分析与说明。

一、环境因素对健康的影响

凡是人身体之外的都属于环境,环境对于人类健康影响很大,在此仅举三个我们还记忆犹新的事例来说明(对健康和寿命的影响占17%)。

第一,发生在20世纪70年代震惊世界的日本水俣病,至今其阴影还笼罩在日本水俣湾沿岸地区。日本水俣湾原来是一个秀美平静的港湾,当地居民以捕鱼为生。70年代一所化工厂在那里建成并开工生产,工厂未经处理的生产污水排入水俣湾中,水中含有汞,汞沉积在海藻中,海藻被鱼虾吞食,汞积存在鱼虾体内。当地居民吃了这种鱼虾,汞又在人的身体内积存,最终导致有机汞中毒,引起脑组织损伤,致伤、致残、致死者占当地居民半数以上。

第二,1992 年伊拉克突然入侵科威特,海湾战争爆发。以美国为首的多国部队出兵干涉。多国部队主要采用了空中打击为主的攻击手段,在伊拉克和科威特投下了大量的贫铀弹,污染了当地的环境,使那里的维和士兵的健康受到了损害。2000 年,先后在美国、英国和意大利发现了受此影响的退伍军人,并已有多人死亡,一时间贫铀弹的放射污染引起了全世界的关注。

第三，我国解放前在黑龙江、吉林等 15 个省的 309 个县曾流行克山病。1941 年,仅王显屯等 12 个村庄一次性死于此病的人数就达 216 人。在黑龙江克山县,人们纷纷逃命,村落荒芜。克山病是以心肌坏死为主要症状的非特异性心脏病,主要发生在土壤缺乏硒、铀、镁等物质的地带。人体由于这些物质的匮乏而引起克山病。据不完全统计,我国解放初期,全国近 80％的地区有地方病,受地方病影响及威胁的人口达四亿,患有各种不同程度地方病的病人达三千六百多万人。大多数地方病的病因，是当地土壤中缺乏人体所必需的物质引起的。以上事例均已说明，人类健康与其生存的环境息息相关。我们人类生存的环境，按性质的不同可以分为两大类，即自然环境和社会环境。

（一）自然环境与健康

人是生物圈中占统治地位的生物，能大规模地改变生物圈，使其为人类的需要服务。然而，人类毕竟是生物圈中的成员，必须依赖于生物圈提供的一切生活资料。人类对生物圈的改造应有一定限度，超过限度就会破坏生物圈的动态平衡，造成严重后果。在地球上出现人类以后大约300万年的时间里，人类与其周围的生物和环境处于合理的平衡之中。人在生物圈中的地位，从对生物圈能施加的影响而言，并不明显地超过其他动物。食物缺乏以及疾病等因素限制着人口密度。

地球表层由大气圈、水圈、生物圈和岩石圈构成，其中适于生物生存的范围就是生物圈。地球上的一切生物，其中包括我们人类，都是生活在地球的表层，也就是生活在生物圈里。组成生物圈的主要物质有空气、水、土壤、岩石、阳光以及生活于其中的生物。这些物质为生命活动提供了一切必要条件。对于人类来说，环绕人类的一切因素的总和就是人类的自然环境。人和生物都是地壳物质发展到一定历史阶段的产物。人类的生活和生产活动基本上就是在这个生物圈内进行的。

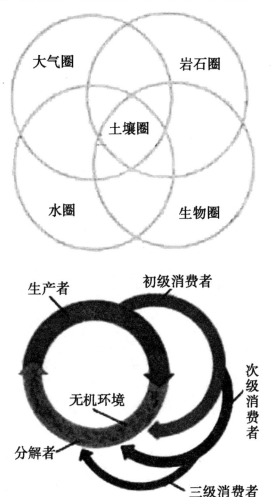

生物和人类与地壳物质之间始终保持着动态平衡。一方面生物体总是从内部经常地调节自己以适应不断变化着的环境；另一方面生物的活动又在不断地改变着自然环境的状态。这种动态的平衡，就是所谓的生态平衡。

随着科技的高速发展，城市人口的急剧增多，人类开发利用自然资源的能力和范围不断扩大,同时也将大量的废弃物和污染物扔给了大自然,造成严重的环境污染,破坏了环境的动态平衡。对人类自身健康产生了极大的负面作用,甚至危及到了人类的生存。目前主要有三种中毒病。

1. 铅中毒

铅及其化合物都具有一定的毒性,主要以铅烟和铅尘的形式通过呼吸道进入人体,也可以经过消化道进入人体。一般不通过皮肤进入人体。职业性铅中毒多为慢性,临床上有神经、造血和消化等系统的综合性机能失调症状。易产生铅中毒的工作有铅矿的开采、冶炼、生产、加工和印刷业。

2. 汞中毒

也就是水银中毒,汞及其化合物对人体的危害主要是经呼吸道吸入金属蒸气或汞化合物的气溶胶所致,也可通过消化道和皮肤吸收。汞中毒初期缺乏特异性症状,主要为中枢神经机能障碍。中毒的典型临床表现为:汞中毒型"易兴奋状",汞毒性震颤,汞毒性口腔炎等三大症状。易产生汞中毒的工作有汞矿的开采、冶炼、仪表制造、金银提炼、照相、医疗等。

3. 苯中毒

苯以蒸气的形态经呼吸道进入人体。短时间接触高浓度苯可引起急性中毒。它主要以神经系统症状为主,会出现"苯醉"状态。易接触苯的工种有制药、制革、印刷、喷漆等。

其中主要的环境污染源主要集中在三个方面：生产性污染，如工业中的三废、使用农药产生对土壤、大气的污染；生活性污染，如垃圾、污水等；其他污染，如噪音、放射性物质等。

其实我们生活的环境并不理想，在某种程度上说是很恶劣。同时，对人类健康带来的影响主要有四个方面：

1. 引起多种疾病，如伤寒、霍乱、痢疾等传染病；红眼病、水俣病等公害病；矽肺、铅中毒等职业病；食物中毒以及各种急、慢性放射病。

2. 降低人们的免疫力。

3. 对中枢神经系统、呼吸系统及心血管系统等造成严重的危害。

4. 光、声污染所带来的不良影响。

（二）社会环境与健康

社会环境指的是人类在自然环境基础上，有计划、有目的地创造的人工环境，它由文化教育、政治、社会、经济等要素构成，是指在社会层面上与人发生作用的因素的总称，是人类文明进步的标志。

良好的社会环境可促进健康，反之将会危害健康甚至导致疾病。社会越发展,人类物质生活越丰富,人对社会的依赖性越大,社会环境对人的健康发展的影响也就越大。中国早就有"孟母三迁"的典故和"近朱者赤,近墨者黑"之说,表明古人早就意识到社会环境对人的影响作用。

1. 愚昧和错误的思想残害健康

由于受封建社会的礼教和旧时代审美观的影响,中国古代女子实行裹足,以"三寸金莲"为美,使中国妇女的生长发育畸形,这在人类历史上留下了悲壮的一幕。秦汉时期,中国人相信吃"金丹"可以延年益寿、长生不老,导致当时的方士之术盛行,造成了大量人口慢性金属中毒。宦官制度,更是人间悲剧,人为地把健康的人变成了残疾人。

2. 危害儿童健康的疾病

儿童健康是全球尤其是发展中国家所面临的一个严重问题。据世界卫生组织和联合国儿童基金会估计,全球每年有 1400 万 5 岁以下儿童死亡,其中 2/3 死于腹泻、呼吸道传染病、麻疹及新生儿破伤风。估计每天有 8000 名儿童死于麻疹、百日咳及破伤风,有 7000 名儿童死于腹泻性脱水,有 6000 名儿童死于肺炎。而所有这些疾病都是能够通过计划免疫加以预防和治疗的。

3. 实施儿童计划免疫制度

儿童计划免疫是根据危害儿童健康的一些传染病,利用安全有效的疫苗,按照规定的免疫程序进行预防接种,提高儿童免疫力,以达到预防相应传染病的目的。

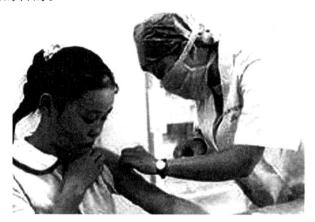

危害儿童健康的传染病有麻疹、小儿麻痹症、结核病、白喉、百日咳、破伤风、乙型肝炎、流行性乙型脑炎等。这些病都比较严重,一旦染上,会影响儿童的生长发育,有的还会威胁生命,留下后遗症,给个人、家庭带来不幸,给社会造成负担。计划免疫是预防和控制并最终消灭相应传染病最方便、最有效、最经济的手段。列入计划免疫的疫苗有卡介苗、小儿麻痹糖丸、百白破三联混合制剂和麻疹疫苗。一些大城市还把乙肝疫苗、乙脑疫苗也列入儿童计划免疫程序。

二、生物因素对健康的影响

在生物因素中,影响人类健康最重要的是遗传因素和心理因素(对健康和寿命的影响占 15％)。

遗传因素对健康的影响有特殊的意义。现代医学发现,遗传病不仅有两三千种之多,而且发病率高达 20％。虽然有些治疗方法可以纠正或缓解一些临床症状,甚至可以防止发病,但是,目前为止,有效根治遗传病的方法还很少。因此,重视遗传对健康的影响具有特殊意义。

心理因素和疾病的产生、防治有密切关系。医学临床实践和科学研究证明,消极情绪如焦虑、怨恨、悲伤、恐惧、愤怒等可以使人体各系统机能失调,可以导致失眠、心动过速、血压升高、食欲减退、月经失调等疾病。积极的、乐观的、向上的情绪,是健康的重要保障。总之,心理状态是社会环境与生活环境的反映,是影响健康的重要因素。

三、生活方式因素对健康的影响

生活方式是指人们长期受一定文化、民族、经济、社会、风俗、家庭影响而形成的一系列生活习惯、生活制度和生活意识(对健康和寿命的影响占 60%)。

人类在漫长的发展过程中,虽然很早就认识到生活方式与健康有关,但由于危害人类生命的各种传染病一直是人类死亡的主要原因,就忽视了生活方式因素对健康的影响。不良的生活方式对健康的影响至关重要。不良的生活方式主要是指一些不良的生活行为,如没有规律的作息时间、不卫生的饮食习惯、缺乏体育锻炼及吸烟、酗酒,滥用药物等不良的行为习惯。那么,这些就可能会引起癌症、心脑血管疾病、营养不良或肥胖症等疾病。直到 19 世纪 60 年代以后,人们才逐渐发现生活方式因素在全部死因中的比重越来越大。例如,1976 年美国年死亡人口中,50％与不良生活方式有关。可见,养成良好的生活习惯对于健康是多么重要。

四、卫生保健服务因素对健康的影响

决定健康的因素十分复杂,卫生保健服务因素对健康的影响是极为重要的(对健康和寿命的影响占 8％)。世界卫生组织把卫生保健服务分为初级、二级和三级,实现初级卫生保健是当代世界各国的共同目标。卫生保健服务的范围、内容与质量直接关系到人的生、老、病、死及由此产生的一系列健康问题。

第三节　决定健康的四大基石

健康是由遗传、环境、医疗、卫生保健服务和生活方式等因素综合作用所决定的。不过目前人们大多数过高估计了医疗条件对健康的影响，其实就整体健康而言，环境因素、遗传因素、生活方式因素及卫生保健服务等因素各占的比例我们在上面已经提到，并向大家展示出来。1992年世界卫生组织维多利亚宣言指出：合理饮食、适量运动、戒烟限酒、心理平衡是决定健康的四大基石。而这些因素大都可通过自我建立科学的生活方式而实现。因此，从某种程度上说，自己必须对自己的健康负主要责任，健康就掌握在自己的手中。

健康小常识：

据WHO公布，在全球每年5600万死亡人口中，高达40%是被以下"十大健康天敌"所致，即体重过轻、不安全性行为、高血压、吸烟、酗酒、不洁饮水及恶劣卫生状况、高胆固醇、室内烟雾、铁不足、体重过重。如能解决这些问题，估计人类寿命可延长10年。而2001年美国哈佛大学研究人员发表了一项追踪长达60余年的研究报告，也指出了人的健康长寿主要取决于少量的饮酒、不吸烟、稳定的婚姻、体育活动、适量的体重、积极的应对机制以及无抑郁疾病七项因素。除最后一项外，其他皆是自己有能力选择的，换句话说健康就掌握在自己的手中。

第二章 中小学生身心发育的特点

第一节 小学生身心发育的特点

一、小学生身体发育的特点

1. 新陈代谢旺盛

新陈代谢包括同化作用和异化作用两个方面。人体从外界摄取营养物质，变为自己身体的一部分，并且贮存了能量，这种变化叫同化作用。与此同时，构成身体的一部分物质不断氧化分解，释放出能量，并将分解的产物排出体外，这种变化叫异化作用。小学生正处在长身体的时候，同化作用大于异化作用，所以，他们需要从外界摄取更多的营养物质，以保证正常生长的需要。

2. 体格发育在儿童期平稳发育的基础上，出现快速增长

　　6～9 岁属于儿童期,10～12 岁属于青春期早期。因此这个阶段的儿童生长发育既有儿童期特点,又有青春期早期的特点。以身高、体重的生长为例,在儿童期,体格发育上基本是平稳的,身高平均每年增长 4～5 厘米,体重平均年增长 2～3.5 千克。10 岁以后,随着青春期的到来,体格发育进入快速增长阶段。这时男孩身高一般每年可增长 7～9 厘米,个别可长 10～12 厘米;女孩一般每年可增长 5～7 厘米,多的可长 9～10 厘米;体重每年可增长 4～5 千克,有的可增加 8～10 千克。女孩青春期身高突增开始得比男孩早约两年,所以在 10 岁左右,女孩身高由以前略低于男孩开始赶上男孩,超过男孩;12 岁左右,男孩青春期身高突增开始,而此时女孩生长速度已开始减慢,到 13～14 岁左右,男孩身高生长水平又赶上女孩,超过女孩。由于男孩突增期间增长幅度较大,生长时间持续较长,所以到成年时绝大多数身体形态指标均比女孩高。

　　3. 骨骼逐渐骨化,肌肉力量尚弱

　　小学生的各种骨骼正在骨化,但骨化尚未完成。儿童期的骨骼有机物和水分多,钙、磷等无机成分少,所以儿童骨骼的弹性大而硬度小。儿童不易发生骨折,但容易发生变形,不正确的坐、立、行走姿势可引起脊柱侧弯(表现为一肩高一肩低)、后凸(驼背)等变形。这时儿童的肌肉虽然在逐渐发育,但主要是纵向生长,肌肉纤维比较细,肌肉的力量和耐力都比成人差,容易出现疲劳。因此,在劳动或锻炼时,不应该让他们承担与成人相同的负荷,以免造成肌肉或骨骼损伤。写字、画画的时间也不易过长。

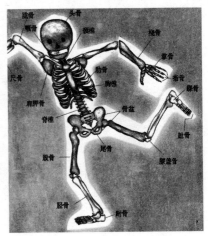

4. 乳牙脱落,恒牙萌出。

牙周病的发展过程

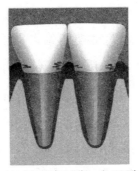

(1)牙周病早期:出现牙龈炎、牙龈红肿出血

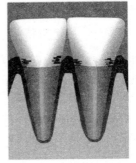

(2)牙周病中期:出现牙周袋,有口臭、化脓现象

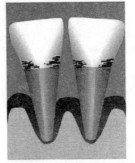

(3)牙周病中晚期:牙槽骨吸收,患牙松动

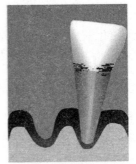

(4)牙周病晚期:牙槽骨流失,牙齿脱落

儿童一般在 6 岁左右开始有恒牙萌出。最先萌出的恒牙是第一恒磨牙,俗称六龄齿。接着乳牙按一定的顺序脱落,逐一由恒牙替代。到十二三岁时乳牙即可全部被恒牙替代,进入恒牙期。替牙期是龋齿的高发期,尤其是乳磨牙和六龄齿很容易患龋齿,应该注意口腔卫生。

5. 心率减慢,呼吸力量增强

小学生的心率约为 80~85 次/分,明显低于新生儿时的约 140 次/分和学龄前儿童时的 90 次/分左右。这时儿童的肺活量也明显增加,对各种呼吸道传染病的抵抗力也随之增强。

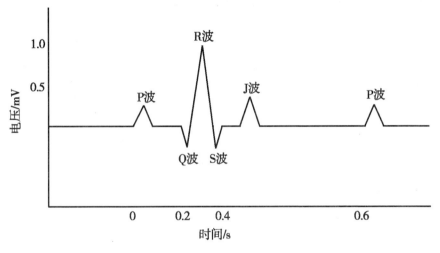

正常人体心电信号波形图

身体的发育是儿童心理发育的物质基础,小学生身体的健康发育为他们从事学校学习活动提供了保证,而脑及高级神经系统的发育更是他们心理发育的前提和重要的物质基础。小学生身体发育在人的一生中处于一个相对平稳的状态。他们的身高平均每年增长 4~5 厘米,体重平均每年增长 2~2.5 千克。同幼儿相比,骨骼更加坚固,但由于骨骼中所含的石灰质较少,比较容易变形、脱臼。小学生身体的肌肉组织虽有所发育,但不够强壮,缺乏耐力,容易疲劳,不易长时间从事过于激烈的体育活动。

　　从体内机能的发育来看,小学生的心脏和血管在不断增长,其容积没有成人的大,但新陈代谢快,所以小学生心跳速度比成人快。从肺的发育来看,六七岁儿童肺的结构就已发育完成,至十二岁时已发育得较为完善,儿童的肺活量在这一阶段也迅速增加,表明肺功能不断发育。

　　从脑和神经系统的发育来看,小学生的脑重量已逐渐接近成人水平。随着大脑皮层的生长发育,儿童大脑的兴奋过程与抑制过程逐渐走向平衡,清醒时间逐渐延长,睡眠时间缩短,这使儿童有更多的时间从事学习活动。

二、小学生心理发展的特点

　　1. 小学生的知觉已逐渐完善,他们的方位知觉、空间知觉和时间知觉在教育的影响下不断发展,观察事物更加细致有序。

　　2. 小学生的记忆能力也迅速发展,从以机械识记为主逐渐发展到以意义识记为主,从以具体形象识记为主到词的抽象记忆能力逐渐增长,从不会使用记忆策略到主动运用策略帮助自己识记。

3. 小学生的语言也有很大发展,能够比较熟练地掌握和运用口头语言,在教育的影响下,逐渐掌握了书面语言,学会了写字、阅读和写作。

4. 小学生思维的基本特征是以具体形象思维为主要形式过渡为以抽象逻辑思维为主要形式。小学低年级儿童形象思维所占的成分较多,而高年级儿童抽象思维的成分较多。

总之,在系统的学校教育影响下,小学生的认知水平得到了很大发展。

5. 儿童入学以后,社会关系发生了重要变化,与教师和同学在一起的时间越来越长,在与教师和同学的相处中,开始学习与人相处、与人合作及竞争的一些基本技能技巧。师生关系及同伴关系对儿童的学校适应有重要影响。这种关系的质量既影响到儿童对学习的兴趣,对班级、学校的归属感,也影响到学生情绪、情感的发展。小学阶段也是个体自我概念逐渐形成的一个重要时期,儿童学业成败、社会技能好坏、是否有来自教师及同伴的社会支持对其形成自信或自卑的个性品质有很大的影响。

小学生的道德认识能力也逐渐发展起来,从只注意行为的后果,逐步过渡到比较全面地考虑动机和结果。由于认知能力的发展特别是观点采择能力的发展,儿童越来越能从他人角度看问题,道德情感体验日益深刻。

第二节　中学生身心发育的特点

一、中学生身体发育的特点

青春发育期是指儿童向成人过渡的发育阶段,青春期身体是以性发育、性成熟为特征表现的身、心全面发育的一个重要时期。一般是指10～19岁这一年龄段。在青春发育期,躯体、形态机能、生理生化、内分泌等,均会发生突如其来的变化。

特别是生殖系统,在这以前几乎没有什么发育,在青春期,性器官迅速发育,第二性征形成,女孩开始出现月经,男孩出现遗精。

（一）青春期全身发育迅速

随着青春期的到来,青春期身体发育迅速,逐渐成熟起来。由于骨骼和肌肉发育较快,身高和体重迅速增加。青春期男孩身高平均每年可

增长7~9厘米；女孩身高增长5~7厘米。从身高、体重等发育曲线上可看到各项指标的平均值，并随年龄增长而逐渐增高。男女曲线均有两次交叉现象。第二次交叉后，男孩各项指标的发育水平均再次超过同年龄的女孩，以后男女差距继续增加。从18岁起，男孩的身高、体重等超过女孩，达到更高的水平。其他形态指标，如胸围、上臂围、小腿围等，男孩也都高于女孩。最后形成男性身体高大，体格粗壮，肌肉发达，肩宽盆窄；女性则身材矮小，肩窄盆宽，皮下脂肪丰满，呈现出男女显著不同的体态特点。

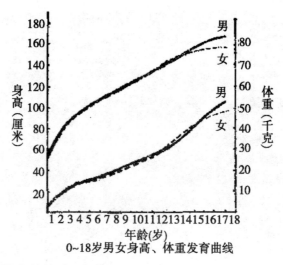

0~18岁男女身高、体重发育曲线

（二）生殖器官的发育明显

性腺发育与性激素分泌的逐渐增加,使生殖器各部有了明显的变化,这就是第一性征。男性阴茎增长、增粗,阴茎头突出,睾丸、阴囊下垂,睾丸开始产生精子。女性外生殖器从幼稚型变为成人型,阴阜隆起,大阴唇变肥厚,小阴唇变大且有色素沉着;阴道的长度和宽度增加,阴道黏膜变厚,出现皱襞,子宫增大,尤其子宫体明显增大,使子宫体占子宫全长的三分之二;输卵管变粗,弯曲度减少,卵巢增大,皮质内有着不同发育阶段的卵泡,使表面稍有不平。

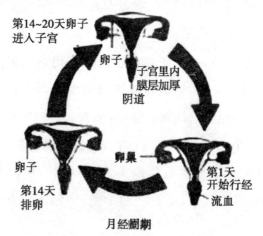

月经周期

（三）第二性征出现

由于性腺活动增强，性激素分泌增多，逐渐出现第二性征。男性表现为阴部和腋下生毛，长出胡须，喉结突出，变音，声音浑厚低沉。女性声调变高，乳房发育丰满而隆起呈半球状，出现腋毛和阴毛，臀部、骨盆变圆变宽，胸、肩部的皮下脂肪增多，显现出女性特有的体态。

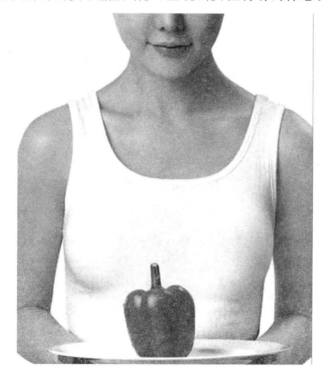

（四）女孩月经来潮，男孩出现遗精

月经初潮是女子青春期开始的一个重要标志。一般发生在 $10\sim18$ 岁之间。初潮年龄可早可晚，和生活水平、营养状况等有一定关系。总的趋势是伴随生长发育上的长期加速，月经初潮年龄不断提前。开始时，由于卵巢功能尚不稳定，初潮后月经周期也无一定规律，初潮后 $1\sim3$ 年内无排卵均属正常。男子在青春期里开始发生遗精。遗精是一种正常的生理现象。首次遗精的年龄大致在 14～16 岁,一般比女性月经初潮晚两年。初次遗精多在夏季,精液中多数是没有成熟的精子。

(五)男女功能上的特点

青春期内,心率和呼吸频率随年龄增长而下降;肺活量则随年龄增长而增加,这是因为伴随身体发育的同时,心肺功能相应增强。血压无论是收缩压,还是舒张压、脉压均随年龄增加而增加。

二、中学生心理发展的特点

人生的中学时期,曾被人喻为多事的季节,心理学上谓之"心理断乳期",其年龄范围大体为 13～18 岁,属于少年期和青年早期,俗称青春期。中学生心理发展的显著特点是:生活和社会体验开始占主导地位;急剧而又呈弥散性的身体和激素变化对他们的心理产生重要的影响,他们渴望自己能被他人像成人一样对待;自我形象在波动摇晃;心理社会思潮常常像"巨浪"般涌现;希望自己被同龄伙伴、异性对象和家庭成员认为正常、为人吸引。

一般而言,在14～16岁之间,中学生的身体会进入生长的高峰,第二性征开始出现。这对于心理准备不充分的少男少女来说,的确影响不小。少女们为避免他人的注目,常常不惜以牺牲自我形象为代价,驼起背,缩着身体,穿上臃肿而又有些奇形怪状的衣服来掩饰自己的身躯,使自己的身高和胸部尽可能不为人所注意。对月经的来临,虽然有的少女会产生成就感,但也有些少女可能会感到肮脏和痛苦。少男们对自己身体变化的感觉或许不像少女们那么强烈,但有一件事是经常发生的,那就是:担心自己身体的发育会和同伴们不一样。

由身体的迅速发育引起的心理变化的另一个方面,是中学生的成人感变得特别强烈。他们觉得自己已经长大成人,应该从父母营造的温室里走出来,独立自主地开辟新天地。如果父母要过问他们的一些事,得到的回答往往是:我的事由我自己来做,不要你管。要是父母对他们的事干涉得太多,他们对父母可能是以仇相报,或突然离家出走。在社会关系上,他们将从家庭、游戏伙伴转向同辈集体的友谊。通过这种新型的社会关系,他们希望能够从中享受到与成人一样的待遇:自由地结交朋友并分享快乐,毫无拘束地发表意见并可能得到采纳,自主地拟订计划并加以实施。

　　然而,中学生的自我形象并不稳定,他们的人生观、价值观还在形成之中。一个中学生早晨起来面对镜子,可能自言自语说:"我应该追求……"但到了晚上又可能改成另一个完全不同的"我应该追求……"他们卧室的墙上可能贴满自己所崇拜的某个(些)明星的照片,但也许在某一天突然间会觉得毫无意义,而将墙上的明星照片撕下来扔进垃圾桶里。一个女中学生在根本不知道将来该嫁给什么样的人的情况下,就可能构想着与某个男生的情感生活,甚至莫名其妙地为之哭泣、担忧。

　　还有一点值得注意,就是完成学习任务对许多中学生来说,并非是件轻而易举的事。他们可能因学习方法、考试方法不当、对学习内容不适应而在学习上感到困难重重。但事关前途命运的学业成绩却不得不时时挂在心上。他们对考试心存恐惧,却又必须面对。应付的办法也基本上是让自己长期全身心地进行题海大战,并以牺牲作为正常人所应有的活动和兴趣爱好为代价。其结果是个性发展经常发生扭曲,各种心理障碍频出,甚至走上自杀之路。

在心理发展上,中学生之所以会表现出上述特点,除客观的外在原因外,也有其心理发展的内在必然性。埃里克森认为,青春期的主要心理任务是发展自我同一性,即意识到自己在变化中所表现出来的独特性和与别人的相似性。这就是说,处于青春期的儿童必须思考他已经掌握的所有信息,包括对自己和社会的信息,为自己确定生活目标。如果在这一时期能够做到这些,儿童就能获得自我同一性,形成一种良好的品质,即"一种不管在价值体系中是否存在矛盾,都始终忠于自己内心誓言的能力"。而自我同一性对发展儿童健康的人格是十分重要的,它有利于儿童适应急剧变化的社会和个人。假若儿童在这一阶段不能获得自我同一性,就会产生角色混乱和消极自我同一性。角色混乱指个体不能正确地选择适应社会环境的生活角色。角色混乱的儿童没有形成清晰和牢固的自我同一性，不能"发现自己"，也不知道自己究竟是什么样的人，想成为什么样的人。消极自我同一性指个体形成与社会要求相背离的同一性，所形成的社会角色是危险的，不能得到社会承认。

　　生理变化是心理变化的物质基础。随着生理的变化以及环境的影响、教育的作用，青少年在心理发展上就产生了许多不同的特点。青少年时期作为个体心理迅速走向成熟而又尚未完全成熟的一个过渡期，在心理发展方面更是错综复杂。主要表现为以下几个方面：

　　1. 智力的迅速发展

　　青少年时期的感觉、知觉灵敏，记忆力、思维能力不断增强，逻辑抽象思维能力逐步占据主导地位。青少年逐步开始用批判的眼光来看待周围事物，有独到的见解，喜欢质疑和争论。这个时期，他们开始思考人生和世界，提出许多有关"人生目的""人生意义""生活理想"一类的问题。由于这些问题的解决是个充满矛盾的过程，所以他们常常会为此感到苦恼、迷茫、沮丧与不安。

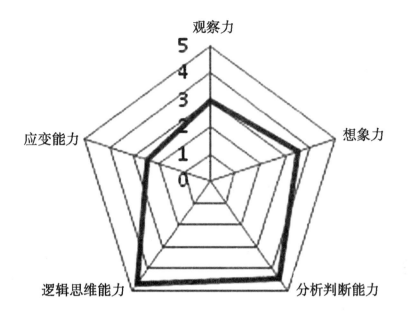

2. 自我意识增强

随着知识的积累、智力的发展以及独立安排生活道路这一客观要求的逼近,青少年的自我意识日渐成熟。他们倾心于认识自己的身心发展及社会价值,独立地评价自己和别人,并逐渐克服评价的片面性,力求全面分析,初步形成稳定的性格特征,能较好地进行自我教育。

3. 情绪、情感趋向成熟

青少年的情绪和情感已趋向成熟和稳定,但与成人相比,又显得动荡不稳。这个时期的青少年办事积极、富于热情,情感易被激发,行动迅速,表现为奔放、果断。但由于生理和自我意识上的急剧变化,有时青少年的情绪、情感容易过于激动。随着智力的不断增长和社会需要,青少年慢慢地形成许多具有明确道德意识的社会情感,如集体荣誉感、社会责任感、义务感、正义感和民族自豪感等,其深刻性和持久性明显提高,由于对情感的自我调节和自我控制的能力的提高,青少年的情感逐渐稳定。

4. 意志迅速发展

青少年在遇到困难时,往往乐于独立思考,想办法克服困难,表现出良好的主动性,不像儿童那样轻易求助于他人,同时青少年控制和支配自己行为的能力也逐渐增强。此时,他们努力使自己的行为服从于原定的目的和计划,能较好地调节自己的情绪。行动的理智性比较强,当然有时也表现出冲动。此外,由于神经系统功能尤其是抑制功能的发达,以及动机的深刻性和目的水平的提高,青少年在面对困难时往往能表现出坚韧性。凡事不肯轻易服输,即便受挫,也不灰心。

5. 言行趋于完善与成熟

言语和行为特征是表达青少年心理发展状况的重要标志。青年人的词汇已很丰富，且内容日渐深刻；口语表达中的独白、语言趋于完善；书面语言表达基本成熟，内部语言已达到完全简约化的水平。这个时期的青少年要求完全摆脱成人干预，独立行事，要求社会承认他们行为的社会价值；要求两性交往、恋爱等。他们要求像成人一样参与社会生活，但是又往往不善于控制自己的行为，特别是在情感受到触动的时候容易冲动。

6. 性意识的发展

青少年时期第二性征的出现，意味着青少年性功能的逐渐成熟，这一变化反映在心理上会引起性意识的觉醒。青少年性意识是一个持续发展的过程，这个过程大致可分为三个阶段：

（1）疏远异性阶段

青少年青春发育的初期，由于生理上的急剧变化，性别发育的差异，往往表现出对性的问题感到害羞、腼腆、不安和反感，于是在心理上和行为上表现出不愿接近异性、彼此疏远、男女界限分明、喜与同性伙伴亲密相处等现象。

（2）接近异性阶段

随着年龄的增长、生理、心理的进一步成熟，青年男女之间会产生一种情感的吸引，相互怀有好感，对异性表示出关心，萌发出彼此接触的要求和愿望。

（3）恋爱阶段

随着年龄的增长、生理上的进一步成熟及社会活动的全面影响，青年男女之间开始萌生爱情。他们仅把特定的异性视为自己交往的对象持续地交往，相互爱慕，进入恋爱阶段。

第三章　运动成就健康未来

俗话说，"生命在于运动"，这句话永远值得记取。在古希腊，当时的学者就曾宣扬健康的躯体是美好心灵的归宿和依托。要有崇高的美德和智慧的头脑，人们就必须锻炼身体，于是有了奥林匹克竞技运动，它发展到今天已经成为人类社会规模空前的体育盛事。

如今在发达国家，生活富足的人们往往非常重视健身，许多家庭有健身器材，城市则有健身房，因此人们的生活质量自然较高，健康长寿活得自在。在我国两千年前，《吕氏春秋》中就载有这样的精辟见解："流水不腐，户枢不蠹，动也。形气亦然。行不动则精不流，精不流则气郁。"而清代的教育家、思想家颜习斋说："一身动则一身强，一家动则一家强，一国动则一国强，天下动则天下强。"这些都强调了运动对健康的重要性。请记住：运动是通往健康生活、幸福工作、终身学习的光明大道。

第一节　适度运动有益于健康

一、体育运动对运动系统的影响

首先我们应该树立一种观念,那就是我们自己的身体具有很大的可塑性,健康文明的塑造手段和方法就是进行科学而合理的体育运动。体育运动是促进健康、改善人体机能和塑造人体形态的有效途径。另外,体育运动对调节情绪、陶冶情操、丰富我们的文化生活有极大的作用。

(一)运动系统的构成及特点

人体的运动系统是由骨、关节、肌肉三部分组成的。人体的任何运动都是以骨为杠杆,以关节为枢纽,以肌肉的收缩为动力来实现的。

1. 骨的结构与功能

骨构成人体的支架,具有新陈代谢及生长发育的特点,并有破坏、改造、他伤愈合、修复再生的功能,人体骨骼的形态结构完善而复杂,功能坚固而灵活。正常成年人共有 206 块骨,其中头颅骨 29 块、躯干骨 51

块、上肢骨64块、下肢骨62块。人体骨骼按其形态可分为长骨、短骨、扁骨和不规则骨。长骨有骨体,骨体位于中间,较细,多呈管状,两端膨大,长骨主要分布于四肢;短骨一般呈立方形,主要分布于手腕和脚腕;扁骨呈板状,面积较大,薄而坚固,主要分布于颅盖;不规则骨的形态各异,多分布于躯干和头颅等处。

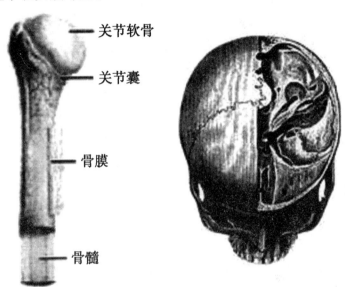

骨的功能具体表现为:

(1)支持负重。骨与骨连接成骨骼。构成人体的支架,具有支持人体局部和全身重量的作用;

(2)运动杠杆。骨在肌肉收缩时被牵拉,绕关节转动,使人体产生各种运动,起着杠杆的作用;

(3)造血功能。骨髓内的网状细胞是比较幼稚的细胞,它经过分化可以变成血细胞;

(4)保护功能。骨围成的腔隙,保护人体的重要器官,例如颅骨保护脑,胸廓保护心肺等重要器官。

2. 关节的结构与机能

骨与骨之间以结缔组织相连,构成骨连结,通称为关节。按照关节的结构和活动情况,可将人体全身的关节分为不动关节、动关节和半关节,人们一般所说的关节常指动关节。构成关节的主要结构为关节面、关节囊和关节腔。

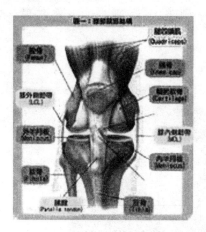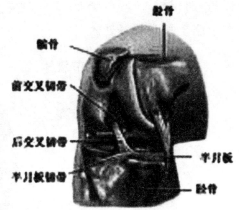

（1）关节面。关节面是指形成关节的两个相邻部位,其表面覆盖一层关节软骨,多数关节面的软骨为透明软骨,可减少相邻两关节之间的摩擦,并有缓冲震动和减轻冲击的作用。

（2）关节囊。关节囊为附着在相邻关节面周缘及附近骨表面的结缔组织囊,内含血管和神经等。关节囊的外层称为纤维层,对关节起加固作用;关节囊的内层为滑膜层,可分泌少量透明的滑液,在关节面之间起润滑作用,以减少摩擦。

（3）关节腔。关节腔是由关节囊和相邻骨关节面软骨共同围成的封闭腔隙,关节腔内的压力较大气压低(此现象称为负压),负压对加固关节起着非常重要的作用。

除关节的主要结构外,还有关节的辅助结构,这些辅助结构包括滑膜囊、滑膜襞、关节内软骨、关节韧带等,它们主要对关节起加固、保护和减少摩擦等方面的作用。

3. 骨骼肌的结构和生理特性

人体的骨骼肌共有 600 多块,骨骼肌质量约占体重的 40%,其中四肢肌肉质量约占整个肌肉质量的80%。每块肌肉一般都可分为肌腹和肌腱两部分,肌腹一般位于肌肉的中部,主要由肌纤维(即肌细胞)和血管、神经等组成,肌纤维具有收缩功能。人体的肌纤维又可分为红肌和白肌两种,红肌的收缩速度较慢,耐力较好,可维持长时间的收缩;白肌的收缩速度快,力量大,但容易产生疲劳。肌腱由致密结缔组织、神经纤维和毛细血管等构成,肌腱的韧性很大,能承受强大的牵拉力并将力传递给骨,肌肉借肌腱附着于骨。

肌肉的生理特性包括兴奋性、传导性和收缩性。肌肉对内外环境刺激产生兴奋的能力称肌肉的兴奋性。肌肉在其收缩前,先产生兴奋。在一定生理范围内,肌肉的兴奋性越高,肌肉收缩时产生的力量就越大。肌纤维某一点产生兴奋后可将兴奋传播至整个肌纤维,这种特性称为肌肉的传导性。肌肉接受刺激产生兴奋后,可使肌纤维收缩,这一特性称为肌肉的收缩性,肌肉的收缩过程非常复杂,简单地说肌肉的收缩是肌肉蛋白质相互作用的结果。

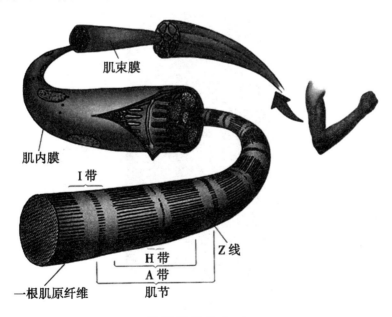

骨骼肌结构(一)

粗肌丝和细肌丝

原肌球蛋白

肌动蛋白
肌钙蛋白

肌球蛋白

肌球蛋白分子

骨骼肌结构(二)

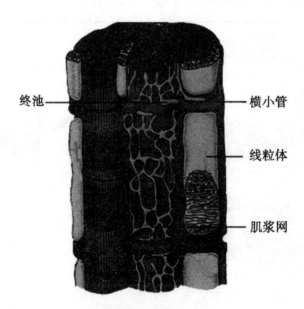

终池

横小管

线粒体

肌浆网

骨骼肌结构(三)

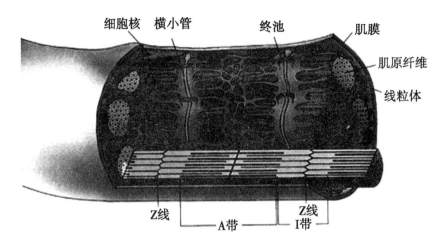

细胞核　横小管　　　终池　　　肌膜
肌原纤维
线粒体

Z线　　　　　　　　　　　Z线
A带　　　　　I带

骨骼肌结构（四）

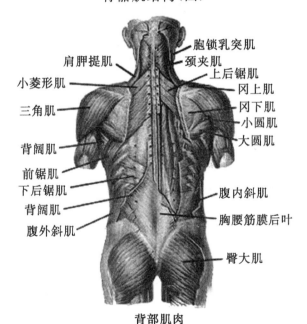

肩胛提肌　　　胸锁乳突肌
　　　　　　　颈夹肌
小菱形肌　　　上后锯肌
　　　　　　　冈上肌
三角肌　　　　冈下肌
　　　　　　　小圆肌
背阔肌　　　　大圆肌
前锯肌
下后锯肌　　　腹内斜肌
背阔肌　　　　胸腰筋膜后叶
腹外斜肌
　　　　　　　臀大肌

背部肌肉

（二）体育运动对运动系统的影响

1. 体育运动对骨骼的影响

人体长期从事体育运动，通过改善骨的血液循环，加强骨的新陈代谢，使骨径增粗，肌质增厚，骨质的排列规则、整齐，并随着骨形态结构的良好变化,骨的抗折、抗弯、抗压缩等方面的能力有较大提高。

人体从事体育运动的项目不同,对人体各部分骨的影响也不同。经常从事以下肢活动为主的项目,如跑、跳等,对下肢骨的影响较大;而从事以上肢活动为主的项目,如举重、投掷等,又对上肢骨的影响较大。体育运动的效果并不是永久的,当体育运动停止后,对骨的影响作用也会逐渐消失,因此,体育运动应是经常性的。同时,体育运动的项目要多样化,以免造成骨的畸形发展。

2. 体育运动对关节的影响

科学、系统、合理的体育运动,既可以提高关节的稳定性,又可以增加关节的灵活性和运动幅度。体育运动可以增加关节面软骨的厚度和骨密度,并可使关节周围的肌肉发达、力量增强、关节囊和韧带增厚,因而可使关节的稳固性加强。在增加关节稳固性的同时,由于关节囊、韧带和关节周围肌肉的弹性和伸展性提高,关节的运动幅度和灵活性也大大增加。

3. 体育运动对肌肉的影响

体育运动对肌肉的影响表现在多个方面:

(1)肌肉体积增大

运动员,特别是举重等力量型项目的运动员的肌肉体积明显大于一般正常人,这说明体育运动和运动训练可以使肌肉体积增大。体育运动对肌肉体积的影响非常明显,一般进行力量训练就可以使肌肉体积增大,而且练什么肌肉,什么肌肉的体积就增大。

(2)肌肉力量增加

体育运动可以增加肌肉力量已被大量实验所证实,而且体育运动增加肌肉力量的效果也是非常明显的,数周的力量练习就会引起肌肉力量的明显增加。

(3)肌肉弹性增加

有良好体育运动锻炼习惯的人,在运动时经常从事一些牵拉性练习,从而可使肌肉的弹性增加,这样可以避免人体在日常活动和体育锻炼过程中由于肌肉的剧烈收缩而造成各种运动损伤。

二、体育运动对消化、吸收系统的影响

适宜的体育运动对消化系统有积极的影响。反之,会带来不良影响。

1. 经常从事体育运动,可增加人体能量物质的消耗,从而反射性地提高了胃肠道的消化和吸收机能。

2.体育运动时,由于膈肌的大幅度升降活动,对胃肠起按摩作用,也能增强胃的消化功能。

3.因运动时间安排不当,会影响胃肠的消化和吸收机能。如饭后剧烈运动,由于血液重新分配,对消化腺的分泌活动和胃肠的蠕动产生影响,从而影响到胃肠的消化和吸收。

4.如运动负荷过大或运动时间过长,出现过度疲劳,则有可能影响肝脏的正常功能。有研究发现训练时间较长的鼠,肝细胞的粗面内质网减少,出现不规则扩张或断裂;肝糖元粒明显减少,而脂滴增多,体积增大;线粒体肿胀呈空泡状。从而导致肝细胞浊肿、脂变、破裂和坏死。说明机体由于间歇时间不够,导致疲劳积累而引起了过度疲劳。

5. 研究进一步表明肝细胞在训练中所出现的一系列病理变化,经过一段时间的训练会逐渐恢复正常。而且运动时间短,运动量小,恢复所需时间较短;相反,运动时间长,运动量大,则恢复所需时间较长。

6. 体育运动中,有些国家的运动员为了在激烈的竞争中战胜对手,服用类固醇等有害药物。运动实验证明,服用类固醇对肝脏结构会产生不良影响。服用类固醇后抑制了胆汁的形成和排出,使肝细胞内胆汁滞留,然后肝细胞变性,破坏正常结构,肝小叶内白细胞浸润,肝脏内局部出现结缔组织增生,进而使肝脏发生纤维样变。

三、体育运动对呼吸系统的影响

体育运动对呼吸系统的影响主要表现在对肺组织的影响。经动物实验表明:

1. 随着运动强度的增加,肺泡形态从正常到肺泡腔扩大再到肺泡壁破裂最后失去完整性,这种变化使肺组织失去了气体交换时的屏障作用。

2. 随着运动强度的增加,呼吸膜厚度从正常到增厚,再到变薄,最后直到破裂,这种变化使呼吸膜失去呼吸作用。

3. 随着运动强度的增加,肺泡孔出现增多、扩张和加大的现象。这表明当呼吸道出现炎症和呼吸膜水肿增厚影响肺泡通气时,为使肺泡间气体能得到交流,故肺泡孔出现这种变化。

4. 随着运动强度的增加,肺泡腔内红细胞和巨噬细胞出现增多现象。

运动能使人吸收比平常多几倍甚至几十倍的氧。美国的医学研究发现,人体吸氧量增多,呼吸频率加快,通过体力气体交换,可将一些致癌物质排出体外,降低癌症的发病率,即使得了癌症,身体康复较快,也能延长生命。

四、体育运动对泌尿系统的影响

体育运动对泌尿系统的影响较为明显,主要表现在对肾脏的影响。

1. 短时间大强度的一次性练习后,可使肾小管上皮顶浆小泡增多。从而提高了肾小管对低分子蛋白质的重吸收机能。

2. 长时间大强度的一次性练习后,肾小球毛细血管出现扩张和充血,内皮细胞小泡增多呈蜂窝状,内皮小孔间距和孔径大小不等,肌膜总厚度减少,细胞的突起增多。从而导致肾小体滤过膜的通透性提高,在原尿中出现尿蛋白。

3. 长时间大强度的一次性练习后,肾小管上皮细胞的部分线粒体变得凝聚、肿胀和空泡化,部分内质网扩张,次级溶酶体增多。从而降低了肾小管重吸收机能。

4. 研究表明,不同时间大强度的运动对肾脏是一种与运动时间有关的可逆性病理变化,是肾功能增强的一种暂时的适应性反应。然而大强度运动对肾结构带来的不同程度的影响,在短期内不可能完全恢复。这为运动后产生运动性蛋白等尿异常提供了一定的理论依据。

五、体育运动对心血管系统的影响

适当的运动是心脏健康的必由之路,有规律的运动锻炼,可以减慢静息时和锻炼时的心率,这就大大减少了心脏的工作时间,增加了心脏功能,保持了冠状动脉血流畅通,可更好地供给心肌所需要的营养,可使心脏病的危险率降低。

1. 经常参加体育锻炼可使心肌细胞内的蛋白质合成增加,心肌纤维增粗,使得心肌收缩力量增加,这样可使心脏在每次收缩时将更多的血液射入血管,导致心脏的每搏输出量增加,长时间的体育锻炼可使心室容量增大。

2. 体育锻炼可以增加血管壁的弹性,这对人的健康是十分有益的。人随着年龄的增加,血管壁的弹性逐渐下降,因而可诱发高血压等退行性疾病,通过体育锻炼,可增加血管壁的弹性,可以预防或缓解退行性高血压症状。

3. 体育锻炼可以促使大量毛细血管开放,因此加快血液与组织液的交换,加快了新陈代谢的水平,增强机体能量物质的供应和代谢物质的排出能力。

4. 体育锻炼可以显著降低血脂含量(胆固醇、三酰甘油等)、改变血脂质量,有效地防治冠心病、高血压和动脉粥样硬化等疾病。

5. 体育锻炼还可以使安静时脉搏徐缓和血压降低。

休整运动

柔韧性和力量

有氧运动

日常运动

● 每天至少运动60分钟
● 认真听取教练意见

六、体育运动对神经系统的影响

经常参加体育锻炼有利于神经系统的功能提高。

体育锻炼能改善神经系统的调节功能,提高神经系统对人体活动时错综复杂的变化的判断能力,并及时做出协调、准确、迅速的反应。

此外,运动对神经系统的良好影响,主要在于它是一种积极的休息。当经过较长时间的脑力劳动,感到疲劳时,参加短时间体育运动,可以转移大脑皮层的兴奋中心,使原来高度兴奋的神经细胞得到良好的休息,同时又补充了氧气和营养物质。而脑组织所需氧气和营养物质的供给又完全依赖于血液循环、呼吸和消化系统,体育锻炼在很大程度上改善了这些系统的功能,提高了它们的工作效率,从而促进了脑血液循环,改善了脑组织的氧气和营养物质供应,使脑组织的工作效率有了显著提高。

神经系统在机体其他系统的配合下,构成了神经—体液调节系统,它是人体全自动控制系统的中枢,主要负责维持人体的稳定状态。经常参加体育运动,可以使这一系统得到锻炼和加强,使中枢神经系统对兴奋和抑制的调节能力更趋完善,从而进一步活跃全身各个系统和器官的功能,使它们的活动更加协调,工作效率提高,对外界刺激的反应迅速、灵敏,以适应外界环境的变化并增强抵抗各种疾病的能力。

七、体育运动对人体免疫系统的影响

1. 运动可很大程度上减少体内多余的脂肪,运动后出汗可使体内的铅、锶、镍和铍等致癌物质随汗水排出体外,从而起到防癌的作用。

2. 运动可使人血液循环加快许多,癌细胞就好似湍流中的小砂子一样,不易站住脚跟,也不容易转移,且易被免疫系统清除。实验证明,机体处在运动状态时,每小时从血液中分泌出的干扰素较之平时要增加一倍以上,而干扰素的抗癌能力,早已在观察中得到证实。

3.运动可使人体某些生殖激素大大减少,甚至停止生产。美国哈佛大学科学家的研究发现,生殖激素与癌症密切相关,人们从年轻时就开始运动可明显降低癌症的发病率。

4.运动可以改善人的情绪,消除忧郁和烦恼,在心理上减轻人体免疫系统的压力。临床资料表明,患癌症的病人,大多是有情绪忧郁或受到精神创伤的。对他们来说,经常进行深呼吸运动,散步或跑步,做柔软体操,做伸展运动,游泳、骑车或参加集体运动,可给他们带来身心愉快和欢畅,帮助消除紧张情绪,减少烦恼,改善自我形象。国外医生把运动比作"温和的抗忧郁素",把它称之为"西方式的气功"。它的功能与中国的气功一样,能放松身体和精神,改善人体的功能。忧虑和烦恼常常危及人体的免疫功能,运动可帮助一些人减轻精神压力对免疫系统的损害。

第二节　运动不足会危害健康

　　现代社会生活方式中,由于交通的便利,经济的不断增长,人们富裕程度加大,人们的体能消耗日益减少,从出门开始,由于交通工具的发达,人们以乘车代替了步行;到达工作岗位上,由于生产方式的机械化、自动化、电气化、智能化,人们原先的体力劳动日益被脑力劳动所取代;回到家中,由于家务劳动的社会化,洗衣机、吸尘器又使家务劳动减少;在社会活动方面,则由于信息技术革命,人们更多地借助于通讯工具进行交流。所有这一切,使现代人的体力劳动大为减少,造成了机体的运动不足。科学研究表明,运动不足会使人体的新陈代谢失调,表现为肌肉松弛无力、骨质脱钙、安静心率加快、心肺功能下降、抗感冒能力下降等,进一步则可引发所谓的"运动不足病"。这些都导致了"现代生活方式病"越来越多地出现。

　　请记住,如果现在每周不主动运动2～3次,那么,你将来就很有可能被迫每周2～3次去医院。

健康小知识：

生命在于运动

苏联科学家曾做过下述有趣的动物实验：把兔子、乌鸦和夜莺从小关在笼子里喂养，长大后打开笼子让它们活动，结果兔子兴奋地跳了几下就倒地不起；夜莺抖动翅膀第一次啼鸣，谁知竟成了临终哀叫；乌鸦飞上了天空转了半圈就掉下来。尸体解剖检验则发现兔子和夜莺死于心脏衰竭，而乌鸦则死于动脉破裂。对于人也有过类似的实验：把若干完全健康的男子分成两组：第一组一直躺着不准坐起、站立和做操；第二组则也一直躺着，但每天在专门器械上锻炼4次。20天后，结果第一组的人感到心慌气短、头晕眼花、肌肉酸痛、四肢无力，而第二组则要好一些，仍有一定的工作能力。这两个实验表明：没有运动就没有生命，运动不足，生命力就会衰弱。

第三节　运动不合理会损害健康

运动是人体的基本需要，不运动是万万不行的，但运动又必须讲究科学，否则运动对健康反而会产生危害。从医学角度讲，运动就好比是一种良药，应用得当，可获得良好效益；但同药一样，应用不当，则可能引起这样或那样的问题，甚至会引起死亡。因此，新的观念应是生命在于运动，而运动又必须是讲究科学的。

一、何谓不合理运动

目前不合理运动的成因主要见于：

1. 运动方法不科学，如运动量、运动强度过大，运动时间过长，不进行准备活动和放松活动，动作技术不正确等；

2. 忽视运动的环境和运动装备，如气候条件恶劣，运动服装、器械不合适等；

3. 运动时其他不良生活方式照旧，如仍然吸烟、酗酒、睡眠紊乱等；

健康小知识：

曾有位青年向有关专家请教，他积极参加体育运动来进行锻炼，为什么效果不佳，反而毛病多多呢？专家细问了一下得知原因，原来他喜欢夜生活，常常睡眠不足，这就是问题产生的根源了。现在许多年轻人喜欢过夜生活，把晚睡当成是一种时尚，殊不知充足的睡眠和适当的营养一样，是健康的重要条件。按照人体新陈代谢的规律，白天活动造成的机体消耗，要靠夜晚睡眠来补充。尤其是内分泌激素的 2/3 至 3/4 是在睡眠时产生的。如果睡眠不足，必然会打乱体内新陈代谢的节律，不但身体消耗得不到及时补充,而且由于激素合成不足,造成体内环境失调,必然会导致很多问题,影响生长发育,并且运动的效果会不佳。在睡眠不足的情况下,进行激烈的体育运动,我们用什么来索要好的健身效果?

4. 有疾病但自己不知道,仍照常运动,或虽知道,但运动方法不科学。

健康小知识:

以下情况应禁止参加运动:

(1)各种疾病的急性阶段;

(2)各种原因使体温高于38℃;

(3)全身情况严重或病后尚处于未控制阶段,如严重的贫血,患有高血压、糖尿病但未控制住;

(4)其他疾病,如患有主动脉瘤、主动脉狭窄、显著心脏肥大、心肌病等。

二、不合理运动的危害

不合理运动的危害主要表现为:

1. 引发损伤

一般来说,合理运动引起损伤发生率较低,且即使有的话,也多为慢性的劳损,而不合理的运动则使意外损伤的发生率大为增加,造成肌肉韧带拉伤、创伤、甚至骨折等。

2. 引发运动性疾病

不合理运动如运动量过大、不注意休息也易造成过度疲劳、运动性贫血这样一些疾病，女子长时间大运动量还可以引起内分泌失调，导致月经紊乱、闭经等。

3. 使原有疾病恶化

身体患有某些疾病尤其是心血管疾病，如冠心病、肥厚性心肌病、马凡氏综合征、主动脉瘤等，尤其是这些病未被发现时，进行大负荷运动，有时则会使病情加重，严重时可诱发死亡。

健康小知识：

疲劳感

疲劳感是很多亚健康患者常有的症状之一。不合理的膳食、运动不足、生活方式失调、精神压力等都可引发。经常健身的人一般不易出现疲劳感。一旦持续出现，则需查找原因，如是否患有潜在的疾病，如糖尿病、贫血、肝炎，是否运动量过大，是否生活规律失调，是否精神、心理上有障碍，是否服用了过多的感冒药、抗过敏药、安眠药、抗焦虑药等。

第四节　加入到健身队伍中去

现在多数人都清楚运动有益于健康,然而我国真正投入到健康队伍中去的体育人口并不多,据调查显示仅占三成到四成左右,而且这些人以学生和老年人居多。为此,为了进一步提高我国国民的体质和健康水平,我国已推出了全民健身计划,希望建成具有中国特色的全民健康体系,使体育成为人们生活中不可缺少的组成部分。为了自己的健康,请你立即加入到健身运动的大潮中去吧。

获得健康的几大原则:

生命在于运动,而且更要讲究科学。要想使健身运动有更好的效果,并非在公园或自家的庭院中甩甩手,弯弯腰就可以的。必须要讲究科学健身和运动,这里就需要了解一些运动的原则。

(一)超负荷原则

这个原则并不是要你进行大汗淋漓的运动,而是指你的运动负荷必须超过你平常状态下的负荷。假如你以前不参加运动,那你每天只需要进行每次 10 分钟的步行运动,累加起来达到 40～60 分钟的运动,就可以获得良好的健身效果;而如果你以前不光是以步行运动来达到健身的目的,为了进一步提高你的身体素质,你可能就需要每天慢跑 20～30 分钟才可以。

运动小知识：

健身有度

　　不论健康运动还是职业竞技运动都必须讲究科学。健身运动以增进健康为目的，而职业竞技运动以提高运动成绩为目的，因而两者方式方法上并不一样。健身运动并非越累、出汗越多越好，实际上它只需要稍感气促微汗即可。许多用于职业竞技运动的锻炼方法和膳食方法对健康并无益处。另外，在健身运动中由于锻炼者的体质健康水平存在差异，盲目追求"更快、更高、更强""顽强拼搏"等恐怕并不妥。

（二）专门性原则

　　专门性原则指的是锻炼的效果主要集中于得到锻炼的部位或某些系统机能，即不同的锻炼方式取得的锻炼效果不完全一样。有氧运动主要增加获氧能力，而力量锻炼则主要增强肌肉力量或耐力。即使同样是有氧锻炼项目或力量的锻炼项目，其效果也不完全一样。如同是有氧锻炼项目的慢跑和游泳皆可改善心肺耐力，但慢跑锻炼可改善下肢力量，柔韧性并不会怎么改善；而游泳则对提高下肢和脊椎骨密度效果较小，但对提高上肢柔韧性则效果较好。因此，日常锻炼中，宜根据目的选择适宜的锻炼方法。

运动小知识：

心肺耐力　肌肉力量　肌肉耐力　柔韧性

心肺耐力是指一个人持续身体活动的能力。比如你想长时间行走而不疲劳，就须有较好的心肺耐力。通常心肺功能越好，进行各种活动维持的时间也会越长。

肌肉力量是指该肌肉或肌群短时间内克服最大阻力的能力。

肌肉耐力则是长时间内克服一定阻力的能力。比如你的左手最多能提起多重的物品即表明你左手肌力有多大，而你左手提起一定重量的物品能坚持多久，即表明你左手的耐力有多好。

柔韧性是指身体各关节的活动幅度以及胯关节的肌肉、韧带等组织的弹性和伸展能力。比如你想弯腰，则髋关节必须要有一丁点儿柔韧性，一般随着年龄的增长，柔韧性会下降。

（三）可逆性原则

可逆性原则是指锻炼的效果可由于停止锻炼的时间过长而消失。科学研究表明停止耐力练习4～12周后，以前增长的心肺功能部分要下降50%。锻炼后的效果是否会衰退取决于以后的活动水平，如停止活动则可获得的效果会消退；且锻炼时间越短，停止锻炼后获得的效果消退得越快。但一般只要维持偶尔活动,即能较长时间维持所获得的效果。

(四)依赖性原则

依赖性是指锻炼的效果取决于你开始的体质健康水平状况。如果开始时你的体质健康水平低,则获得的效益就大;反之则要小一些。另外,健康状况明显有问题时,尤其是有心血管病、内分泌疾病,则会改变身体对运动的正常反应,因而这些疾病患者锻炼时尤须讲究方式方法,以免出现有害的健身效果。

(五)"封顶"原则

锻炼的效果并不是无限的,而是达到一定的时候,效果就不会再提高,而是维持于某一水平。运动与健身的效益有点儿类似于患缺铁性贫血时铁与血红蛋白的关系,此时服用铁剂,贫血会迅速得到改善,但到一定的时候,再服铁,体内血红蛋白便不会再增加,反而副作用会增加。

运动小知识：

生活方式运动

生活方式运动是指一些强度较小，耗能量较低的家务活动和体力活动。这些活动通常不被当作正式运动，如洗衣服、做饭、擦地板、步行、骑车上下班、上下楼梯等体力活动。科学研究证明这些活动每天只要能积累 40~60 分钟，即约累积每天耗能 200 千卡，虽对提高身体素质水平作用不一定很大，但对维持健康却有明显作用。

请记住：步行对中老年人来说是最好的运动形式。

第四章 科学运动

第一节 运动前的准备和运动的过程

　　作为一名锻炼者来说,必须懂得:进行运动锻炼一定要讲究科学,绝不能心血来潮,草率行动。在开始运动前首先要做好充分的准备,只有这样才能保证运动的效果以及安全性和愉悦性。

　　对于那些刚刚开始进行锻炼的人来说,充分的准备是能否坚持下来的关键。一个做了大量而充分准备的人,由于事先计划周密,就不会轻易地放弃运动。如果要使运动效果更加明显,那么,就必须使运动成为个人正常生活习惯的一部分。

一、运动前的身体检查

开始一个经常性的锻炼计划前,最重要的是必须了解你身体的初始状态以及对运动的适应程度。没有一种方法能绝对保证你的身体完全适应所进行的锻炼项目,甚至科学专家的全面检查也不能保证人在运动时就没有意外发生。但无论如何,做一次身体检查是非常必要的,这也是保证你做好运动前准备的最好方法。

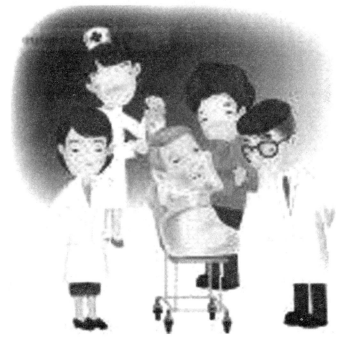

运动医学专家在"有关运动前人体健康状况评价"的建议中告诫人们:应该进行一次全面的身体机能测试(包括运动时的心电图测试)。专家们还特别提醒下列人群:45 岁以上者、35 岁以上有较高心脏疾病危险因素者,有心脏疾病征兆以及已经知道有心脏疾病者,更需要做运动前的测试。35 岁以下的人士,如果身体是健康的,可以不做运动前的测试;但是受伤后重新开始锻炼活动、长时间中断运动又重新开始健身运动以及要对锻炼计划做重要修改的人,仍然要进行运动前的测试。

二、准备合适的运动服装

　　运动时必须要穿着专门的运动服装,这类服装穿上去要舒适,不能过于紧身,关节处不能有障碍而限制运动。不同的运动项目对服装要求不一:如柔道运动有柔道服;足球运动有足球衣,看过"世界杯"足球赛的人一定不会忘记巴西运动员"复杂"的运动衣。对于普通健身项目,运动服的要求当然也无须像专业运动员那样,但也要有起码的要求。服装的外观和式样虽然是重要的,但更重要的是运动时的舒适性。运动服装由于和身体直接接触,故应选择透气和吸水的原料,以利于汗的蒸发和排出。女性应考虑运动护胸,而男性则可能需要护膝、弹性绷带之类的护具。专家推荐的贴身运动服装之外,还要准备一套保暖服装,运动时可脱去,运动前和运动后则应穿上。不要穿无孔、不透气、不吸水的运动服装。具体选择什么样的款式,则取决于健身者的年龄、情趣、审美观等。总之,一套舒适、合身、款式得体的运动服不仅可提高运动效果,而且还可使人看起来精神焕发,增加对健身运动的兴趣。

　　运动时应穿上舒适的袜子。过紧的袜子会引起脚趾甲嵌入肌肉,过松的袜子则可能导致脚上打水泡。穿鞋不穿袜子也不可取,一则有可能使脚打水泡,被磨破;二则会引起鞋内的异味和过度磨损。

运动小知识：

如在热环境中运动,运动衣着应尽可能减少,穿着的运动服装最好是轻质的、浅色的、吸水性和透气性强的棉与化纤混纺的服装。运动中如汗水浸透运动衣,会妨碍散热,宜立即换上干的运动服。另外如有太阳直接照射,则需戴太阳帽。至于在冷环境中锻炼,运动衣则最好是以棉或羊毛为主混有化纤的合成材料组成的多层的轻质服装,既有利于保温,同时又有利于汗液蒸发。运动中如衣服被汗浸湿,此时湿衣服不但不能保温,反而会像水一样导热降低体温,故也宜立即换上干衣服。

三、选购合适的运动鞋

现在的生产厂家主要生产六大类运动鞋:跑步(慢跑)鞋、步行鞋、网球鞋、场地运动鞋、健身运动鞋和多用运动鞋等。许多厂家还会在每类鞋中做进一步的细化,如场地运动鞋可以再分为篮球鞋和排球鞋。无论从事什么样的运动,都需要选择一双合适的运动鞋。对于专业运动,网球运动有网球鞋,足球运动有足球鞋等。对于健身运动来说,一般购买两三双普通运动鞋、休闲鞋或平底宽口鞋即可。不过选购运动鞋时要注意:鞋底应厚、柔软、弹性好,另外鞋底最好有气垫。对于鞋子大小,最好选购略微大一些,穿进去脚趾可弯曲的为好。记住,锻炼过程中你的脚会肿胀,因而不宜选平时穿就偏紧的鞋码。如果穿着鞋底很硬的皮鞋或鞋跟很高的鞋子去运动,容易扭伤脚踝,同时也增加运动时小腿骨和膝关节的负担,而引起慢性损伤。

跑步鞋

篮球鞋

网球鞋

羽毛球鞋

四、选择恰当的护具和运动用具

（一）护具

通常人们进行一般的健身项目时无须戴上运动护具,但青少年或中年人去参加较为激烈的运动项目时,为了安全起见,宜使用适当的护具(如护腕、护肘、护膝、护踝、头盔)、弹力绷带、纱布绷带等。如参加摩托车、滑雪、越野自行车、攀岩等运动宜戴上头盔;冰雪运动宜戴上护目镜;击剑、冰球运动适宜佩戴上面罩;排球宜戴上护腿、护膝;足球宜戴上护腿板等等。

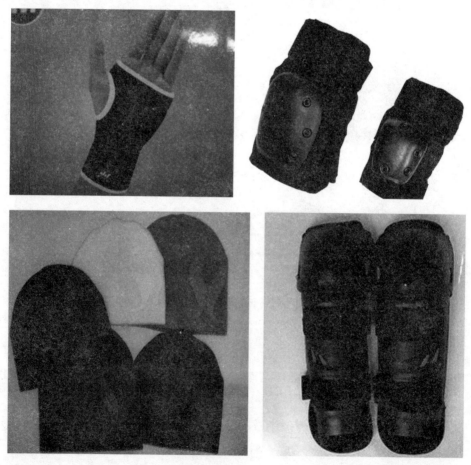

(二)运动器具

对于一些需要运动器具的项目,如各种球类项目,购买一副好的器具也是必要的。如打网球需购买网球拍。骑车锻炼需要购置一辆自行车。选购器材时首先要注意器材的结构是否稳固、不易脱落,不要贪便宜购买劣质器具,否则在运动时反会成为伤害自己或他人的祸源。另外,购买的器具也应与健身者的年龄、体质相符。如小孩打羽毛球,则羽毛球拍的大小、重量应与小孩的能力相符。总之,购买器具时不仅要对购买对象的情况做全面的了解,而且也需要对使用者的情况做全面的了解。只有这样才能买到实用、耐用的优质产品。

选购运动装备最好到品质有保证的商店去买,选购运动装备不在于是否昂贵,而在于是否满足使用要求。

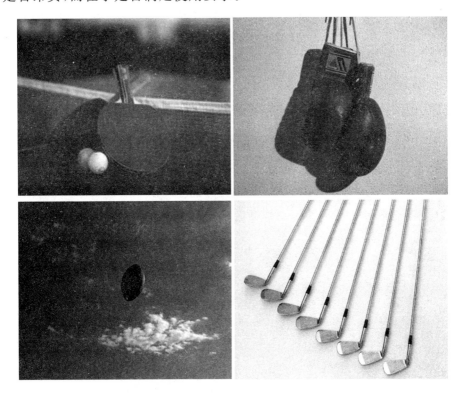

五、运动过程的三个阶段

有运动经验的人都知道,运动过程一般是由三个重要的部分组成:即热身活动环节、基本活动环节和放松整理活动环节。

基本活动环节是运动的关键部分,但是,专家认为,正式运动前必须做好热身活动环节,之后则要有放松整理活动环节,二者均不可偏废。

1. 运动前准备活动的意义

在进行体育锻炼前做好充分的准备活动,对于体育锻炼者来说是非常重要的。准备活动的意义和作用,是身体从安静状态进入运动状态的一个过程。有些人对准备活动的生理作用不了解,不重视体育锻炼前的准备活动，所以不愿做，这往往影响到体育锻炼的效果，甚至引起各种运动损伤的发生。

　　准备活动是人们在运动或比赛前所做的各种热身活动，其练习目的主要是使人体由相对的安静状态逐步转入紧张的工作状态，使中枢神经

系统逐渐兴奋起来,并通过大脑皮层传至躯体各部神经,再由躯体神经支配身体各部位,各器官参加运动。肌肉运动是受躯体性运动神经支配的,人体的最高司令部大脑皮层发出的命令(兴奋波)直接传达脊髓前角细胞,命令运动神经纤维支配肌肉运动。我们身体的内脏器官,如心脏、血管、呼吸器官等等,都是受植物性神经支配的,也是从人体的最高司令部大脑皮层发出命令(兴奋波),经过二级司令部(皮层下中枢)和各个交通站(神经节),最后到达所支配的内脏器官的。植物性神经传递兴奋的速度比躯体性运动神经慢,而内脏器官又有一定的惰性。因此,做准备活动就十分必要了。

　　人的运动器官可以迅速地从安静状态进入到剧烈的运动状态,就是说一下子就可以跑出去。但是,人虽很快地跑出去了,可身体内必须要有一定能量来适应这一疾跑,如需大量氧气和营养物质的供应。而身体里新陈代谢产生的废物还必须尽快地排泄出去,这时对心脏、呼吸等内脏器官就提出了较高的要求,这些内脏器官必须要尽力工作才能满足运动器官的需要。然而,运动不能一下子把内脏的机能全部动员起来,便出现了运动器官和内脏器官之间不相适应的矛盾,人会产生不适感。因此,要想克服内脏机能的惰性,必须做准备活动,才能充分发挥出人体的运动能力。在进行正式运动之前做一些准备活动,还能够提高各个神经机能中枢(也包括内脏的机能中枢)的兴奋性,使身体能预先克服内脏的机能惰性,为正式运动创造有利条件,从而缩小运动机能和内脏机能之间的差距,使身体能力最大限度地发挥出来。另外,提高肌肉温度,克服肌组织的黏滞性,也可预防运动损伤的发生。体育锻炼前进行一定强度的准备活动,可使肌肉的代谢过程加强,肌肉温度升高,这样既可以使肌肉的黏滞性下降(不发僵),还可以增加肌肉、韧带的伸展性和弹性,减少由于肌肉剧烈收缩造成的运动损伤。

2. 基本活动环节必须要有一定的运动负荷

在运动前做完了准备活动,身体和各个运动器官已经为接下来的运动做好了充分的准备。在运动中要有一定的运动负荷。运动负荷指的就是运动量和运动强度。在运动过程中必须要承受一定的负荷量。

决定运动负荷大小的主要因素是:"量"和"强度"。"量"是指完成动作的次数、组数、时间、距离等;"强度"是指完成练习所用力量的大小和机体的紧张程度,包括动作的速度、练习的密度、练习间歇时间的长短、负重的大小、投掷的距离、跳跃的高度和长度等。量和强度要处理适当。强度越大，则量就要相应减少，强度适中，则量可以相应加大，要做到适量，以练习者承受得了并有一定的疲劳感为度。

运动小常识：

运动不足及身体机能状态较差的人，通常在运动开始后不久（特别是长跑运动），就会有两腿发软、全身乏力、呼吸困难等感觉。在运动生理学中，这种现象称为"极点"。"极点"的产生，主要是由于内脏器官的惰性造成的。因为人体从相对安静状态到剧烈运动时，四肢肌肉能迅速适应，进入工作状态，而内脏器官，如呼吸、循环系统等，都不能很快发挥其最高的机能水平，造成体内缺氧，大量的乳酸和二氧化碳积聚，使植物性神经中枢和躯体性神经中枢之间的协调遭到暂时破坏，表现为"极点"的产生，这是一种正常的生理现象。它与运动水平、运动前的准备活动有关，经常参加锻炼的人，"极点"出现得晚，持续时间短，身体反应也较小；反之，"极点"出现得早，且持续时间长，身体反应也较大。

出现以上的现象，是由于身体从平常安静的状态进入运动状态时，体内各器官及系统都需要一段时间来适应。运动水平低及运动前的准备活动不足,都会增加出现"极点"现象的机会。反过来说,运动前做足准备活动,即身体机能状况得到改善后,"极点"现象就会推迟或减轻,甚至不再出现。万一出现"极点"现象时,千万不要因此停下来,应该保持冷静并有意识地进行深而长的呼吸。这样,"第二次呼吸"就会很快到来,使你可以轻松地运动下去了。

3. 放松整理环节的重要性

主要是有利于促进由于运动锻炼而增加的乳酸循环,更快地消除运动锻炼的疲劳,同时,也有利于血液重新合理地分布。运动锻炼期间,大量的血液流向参与运动锻炼的肌肉群,如在跑步时大部分血液流向下肢,更多的氧气保障大肌肉群的供给。在运动锻炼后进行整理活动,血液能较快地恢复到安静时的分布状态。在肌肉锻炼后要及时地进行抻拉,以便加快乳酸的循环,减少酸痛。

(一)短跑、跳跃类课的放松整理活动

这类课主要包括短跑、跨栏、跳远、跳高等,它们除了发展学生的速度素质和弹跳力外,对学生力量的要求也很高。许多学生反映,练习后腿部肌肉有酸痛感。因此在放松整理活动中,除了要求学生进行一定距离的慢跑外(400～600米),更重要的是让学生做一些拉伸性练习和倒立练习——静态伸展牵伸肌肉可加速肌肉的放松和拮抗肌的缓解，有助于痉挛肌肉的恢复。我们知道，参加锻炼后肌肉酸痛往往不是锻炼后即刻出现，而是在第二或第三天出现，持续 2～3 天后才逐渐缓解。那是因为在锻炼时，肌纤维中的粗细肌丝相互滑行，导致肌肉收缩剧烈。练习后，要特别注意粗细肌丝复位，使肌肉放松，以缓解肌肉的紧张，按摩、拉伸性练习正好是解决这一问题最有效的方法。在做拉伸性练习时要求学生动

静结合，逐步加大拉伸的幅度。拉伸性练习除了在课堂上做之外，还可以在睡觉之前做，这样肌肉酸痛的恢复就会更快些。倒立练习的目的就是促使下肢的血液回流，在做这一练习时，要求学生相互间加强保护，防止意外事故的发生。

（二）中长跑类课的放松整理活动

以中长跑为教学内容的体育课，主要是发展学生的混氧供能能力，提高学生的耐力素质。在长跑后容易出现"延迟性肌肉酸痛症"，表现为长跑者可能会出现髋部、大腿部和小腿部前侧伸肌和后侧屈肌的疼痛，在肌肉远端和肌腱连接处症状更明显。在炎热夏天进行极量运动后，除肌肉疼痛外，还会出现脱水、低钙、低蛋白等症状。由于剧烈运动时，人体的肌肉活动往往是在缺氧的情况下进行的，因此亏欠大量的氧，体内产生乳酸堆积。针对这种情况，放松整理活动应以有氧慢跑为主，使人体的内脏器官继续工作来补偿运动时所欠的氧债，加速乳酸的消除。通常让学生绕田径场慢跑800～1000米，要求学生在跑动时，加强呼吸的深度，最后进行一些徒手操练习。

（三）篮球、排球、足球类课的放松整理活动

这类项目对抗性较强，对情绪的影响也比较大，会在无意之中产生较深的疲劳。在放松整理活动时，一般采用有氧慢跑和语言提示放松相结合的方法。例如让学生先进行800～1200米的慢跑，然后让学生静躺在体操垫上，教师通过语言提示，引导学生进行意念放松。意念放松课分为两种：一种是自我意念放松，是学生使自己全身放松。如想象大海

平静的景象或夕阳西下的情景。二是接受意念放松,如"肩放松、臂放松、深呼吸……"直至全身放松。接受暗示是在教师统一指导下,按教师提示语进行练习。姿势可站、可坐,也可躺下,眼要微闭。总之,放松整理活动一般在缓和性练习、轻松愉悦的气氛中完成。通常可用的提示语是:我静静地躺在柔软的草地上,天蓝蓝的,空气清新,微风习习,我感到很舒服,我的双手正在放松,随之我的小臂也在逐步放松下来,我的上臂和肩也慢慢松弛了……

（四）体操、武术类课的放松整理活动

这类课对学生的力量要求较高，尤其是静止性力量，学习的内容也比较枯燥，学生的肌肉和神经系统都会产生疲劳。因此在放松整理活动中可采用拉伸性练习与游戏相结合的方法。例如让学生先做一些游戏（胜进败退、贴膏药、抛球喊号等），使学生的神经系统由抑制转为兴奋，然后针对有反应的肌肉进行拉伸性练习，消除肌肉在力量练习后所产生的酸胀感。也可用歌曲和按摩抖动相结合的方法。如让学生边唱歌（健康歌、幸福拍手歌等）边按照歌词做放松动作，使学生在歌声中得到身心的放松。

运动小知识：

疾跑后突然停止而引起的晕厥称为重力性休克。多见于径赛运动员，尤以短跑、中跑为多见，有时自行车和竞走运动员也可见到。运动员在进行运动时，外周组织内的血管大量扩张，血流量比安静时增加多倍，这时依靠肌肉有节奏地收缩和舒张以及胸腔负压的吸引作用，血液得以返回心脏，当运动者突然终止运动时，肌肉的收缩作用骤然停止，使大量血液聚积在下肢,造成循环血量明显减少、血压下降、心跳加快而心搏出量减少,脑供血急剧减少而导致晕厥。因此,剧烈运动后不宜立即停下来。

第二节 运动环境要有讲究

人与周围环境是密不可分的。自然环境中的阳光、空气、水等都是人类赖以生存的必要条件。良好的自然环境给人们的生活和健康带来莫大的好处。如果环境条件不良,则可使机体产生应激性,严重时可能损害健康。运动本身也可成为一种应激,如果机体在不良环境中锻炼,则需承受双重应激,从而改变运动时机体的反应,甚至更易引发机体紊乱。因此,运动时选择一个良好的环境是必要的。

一、运动时应选择适宜的气候

气候是由温度、湿度、气压、气流等因素组成的。适宜的气候,通常人们会感到精神爽快、舒适,而不良的气候则可能会带来一些机体伤害。如高温高湿环境使人胸闷难受、烦躁不安、头晕乏力等;潮湿阴雨的天气使人情绪低落;而寒风大作的天气则可能诱导心血管疾病的发作。正常人的体温是37℃左右。剧烈运动时,如果周围环境温度高于37℃时,人的体温就开始升高,加上运动时产热增加,散热会出现障碍。如果体温过高,就可能出现多种问题,极易产生高热、脱水、抽筋、衰竭、中暑等现象。在大雾天气中锻炼,由于气压低,供氧减少,则会使机体耐力下降,加上能见度低,在路上运动也极易引发撞伤等。在过冷尤其是伴有大风的环境中运动,由于身体热量过度散发可使体温下降,从而使机体受伤机会增加,甚至晕倒。通常安静状态下人的适宜温度为21~23℃,湿度为40%~60%;运动时由于代谢增强,此时适宜温度为15~20℃,湿度为20%~30%。考虑到一年四季中每天气温有波动,人们每天锻炼时最好选择较凉爽或温暖的(7~27℃)时段进行锻炼。如夏天一般可在早晨6~7点或下午5~6点进行。总之,人体锻炼应该尽可能避免过热尤其伴有高湿时,或过冷(低于5℃时)尤其伴有大风时,特别是体质较虚弱或健康状况不佳的人。而且,太瘦的人也不宜在过冷的环境中锻炼或冬泳等,以防冻伤。

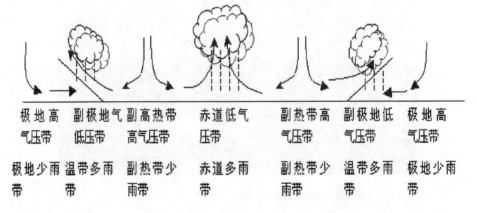

极地高气压带	副极地气低压带	副高热带高气压带	赤道低气压带	副热带高气压带	副极地低气压带	极地高气压带
极地少雨带	温带多雨带	副热带少雨带	赤道多雨带	副热带少雨带	温带多雨带	极地少雨带

另外,需要提及的是:有意识地合理利用自然环境中的阳光、空气、水等作为健身工具,此即自然力锻炼,它可使机体获得适应外界气候变

化的能力,从而增强机体对因气象变化引起的疾病的抵抗力。

运动小知识:

日光浴

日光浴是利用适当的日光照射对机体产生的作用来使身体更健康。日光浴的场所通常应选在海滨、游泳场、家庭的院子里或者是阳台上。在裸体状态下,让阳光均匀照射在身体的各个部位。日光浴时的气温宜在 15～30℃ 范围,照射时间可从 10 分钟逐渐延长至 1 小时,但要避免皮肤癌的危险性。另外,照射时也应戴上太阳镜和太阳帽以保护头部和眼睛。日光浴后一般可进行淋浴,但不宜立即冷水浴。

二、运动时应避开空气污染严重的场所

人体每时每刻都需要从空气中吸入氧气,而将自己代谢产生的二氧化碳排出体外,以维持生命活动,正常情况下空气的基本组成是恒定的,但由于人类活动,许多工业废气、交通尾气等大量排入空气中,则可以引起空气成分的重大变化,从而直接或间接危害人们的健康,此即空气污染,如大气中二氧化碳含量超过 2% 时会引起人头痛、脉搏变缓、血压升高,含量超过 10% 时人会丧失意识、呼吸麻痹而死亡,而大气中的一氧化碳浓度超过千万分之一时就会使机体发生急性中毒。通常一个成年人每天约呼吸 2.5 万次,吸入空气达 10～12 立方米,而运动时吸入空气比安静时多得多。如普通成年人安静时每分钟约吸入空气 9 升,而剧烈运动时则可达 100 升,因此,此时如果空气受到污染,则吸入的有害成分就多,对健康危害更大。另外,空气中也存在许多带正电荷的阳离子和带负电荷的阴离子。一般认为空气中的阴离子可使机体镇静,有镇痛、利尿、降血压、增进食欲等作用,能够改善注意力,而阳离子正好相反。因而,空气中阴离子越多,空气也就越清洁新鲜。一般在海滨、森林公园、瀑布处空气中阴离子会较多。总之,人体运动时应尽量避开空气不洁的地方,如交通拥挤的马路旁,要尽量选择空气新鲜的海滨或森林公园。

三、运动场地要符合卫生标准

　　健身运动即可在室内进行也可在室外进行，但不论室内还是室外都应该注意场地卫生，比如说都应有良好的空气质量。而对于室外运动，

良好的场地卫生对减少运动损伤是必要的。如跑步或球类运动时场地地面宜平坦,无凹坑、碎石,无浮动和其他杂物,以免发生碰撞,另外,地面也不宜太滑以防摔倒,而游泳健身则宜选择水质有保证、管理良好的游泳场所进行,否则游泳场反而会成为传播疾病、损害身体健康的场所。

运动小知识:

水浴

水浴是利用水与身体表面的温差进行锻炼的方法,水浴方式主要有温水浴、冷水浴、海水浴等,可擦浴,然后淋浴,适应后可浸泡浴。浸泡浴时除头部外,最好能将整个身体浸入水中,每次 10 分钟至 1 小时不等。另外,水浴也可以在水中进行步行或体操运动,其锻炼效果更好。

四、运动与社会环境因素

从个人来讲,生活在这个世界上,总会与社会形成形形色色的联系,总是会遇到各种各样不顺心的事情,从而造成精神紧张。而紧张的程度则主要取决于你的看法。如你坦然处之,则精神紧张程度轻,否则可引起精神过度紧张,影响健康。一方面,积极锻炼有助于减轻精神紧张;但另一方面,精神紧张也会影响锻炼效果以及参与运动的积极性。因此,树立良好的人际关系,培养乐观向上的人生观也是非常必要的。

从社会来讲,人是社会的人,人的观念和行为总会受到家庭、社会观念和行为的影响。一般父母爱好运动,其子女通常也爱好运动,一个倡导健身运动的社会环境则有益于人们投入到健身运动中去。当一个参加运动的人得到家庭、社会的支持和鼓励时,无疑有助于其坚持参加运动。虽然对于大的社会环境,人们通常无法选择,但对于每个人周边的环境则有一定的选择性。俗话说"物以类聚,人以群分",如能积极地和喜爱运动的同龄人一起参加健身运动,将有利于相互交流思想感情,更好地促进身心健康,且有助于健身运动的坚持。

第三节　选择合适的运动项目

　　根据我国目前大多数人的运动方式和生活条件,绝大多数人可选择步行、慢跑、快跑、太极拳、气功、跳舞、体操、骑自行车中的任何一项进行经常性的锻炼。对于有某些疾病的人可选择针对疾病的运动处方。

在用运动处方进行锻炼之前,首先应进行身体检查。这是很重要的,不检查、不尊重医生的意见,任意使用运动处方,不但不能防治疾病、增强体质,而且还会影响身体健康。

单纯身体虚弱的人,体质差,抵抗力弱,经常闹头痛脑热的小病,只知服药,很少进行户外运动。其实锻炼一下是最好的良药。18世纪法国医生蒂索说过:"世界上的一切药物对身体来说,都无法代替运动的作用。"实践也证实,单靠药物和休息,身体是不会壮起来的。只有靠长期运动,才能使身体更强壮。在开始锻炼时,要选择和缓的项目,从小运动量练起,量力而行。可以先做做早操,或进行定距离或定时间的步行锻炼。在步行过程中,可以有一段时间走得稍快些,快慢交替。也可以参加容易掌握运动量的太极拳、羽毛球和乒乓球等活动,或尝试一下冷水洗脸、擦身的锻炼。过一段时间后,看看身体的反应怎样。要是脉搏正常,食欲和睡眠都有改善,那就说明锻炼有效果,可以继续锻炼下去,还可以把运动量稍微增大一些。过了几个月,身体反应仍然良好,运动量又可以再增大一些,比如由慢走逐渐到慢跑。坚持一年后,体弱者会发现体质变好,生病减少,身体逐渐强壮起来了。

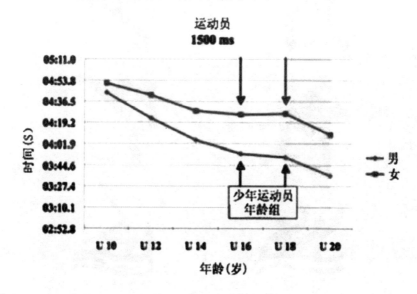

有慢性病的人,一定要先征得医生的同意,在医生的指导下,参加适合自己病情的运动,并且注意掌握适宜的运动量。

　　一般来说,有心血管系统疾病的,可以多做些徒手操,散散步,打打太极拳,跳跳交际舞。在运动量上,一定要严格掌握循序渐进的原则,并且注意根据病情变化,及时调整。

　　有呼吸系统疾病的,应避免静止的肌肉用力,在天气骤变、风沙太大时停止锻炼。冷天锻炼,严格遵守用鼻呼吸或鼻吸口呼,防止冷空气直接刺激咽喉和气管而加重咳嗽、气喘。

　　有消化系统疾病的,多参加增强腹肌的锻炼,促进肠胃机能好转,提高腹内压,刺激胃的蠕动。注意锻炼和吃饭时间的间隔,不要在饭后一小时内进行剧烈运动,如长跑、打拳等。

　　有慢性关节炎的,更要进行锻炼。不活动、不运动,使关节内和周围的组织器官代谢不畅,血液循环不良,这是关节疼痛的原因。如果在轻微疼痛时不消极地休息,而是在医生指导下进行一定量有计划的运动,不但可以止痛,而且还可以治愈关节炎。

　　许多运动处方不同于一般的治疗方法和普通的体育运动,而是针对疾病特征设计的,是指有目的、有选择、有控制的健身防治疾病的运动疗法。但它不是万能的,也不是什么病都可以用运动处方,这里要强调的是:认真检查,请遵医嘱;因人而异地选择运动处方。

第五章 科学健身与营养

古人云："民以食为天。"然而到底人们应该健康地吃些什么？吃多少？健身锻炼时对饮食有无特别要求？诸如此类，自然是人们所关心的问题。合理膳食是维持健康的第一基石。科学健身必须要在合理膳食的前提下，才能获得良好的效果。合理选择"燃料"有助于提高人们的活动能力，有利于达到健身减肥、健美等目标。

第一节 运动与能量

世界万物一切活动都离不开能量，而能量的形式又是多种多样的，如有太阳能、热能、化学能、光能、电能等。生长在我们周围的植物通过吸收太阳能进行新陈代谢，人体当然无法靠吸收太阳能来维持生命，但却能通过摄取食物，将其中的"燃料"在体内"燃烧"。如此产生的能量60%直接以热能形式散发，仅40%变成化学能。热能用于维持体温，化学能用来活动。接下来让我们了解一些有关能量的基本知识。

健康小知识：

食物与能量

如果把人体看成一个燃烧的火炉，那么能量就是炉里的火。没有火，炉子便是一个冰冷的壳而已。为了维持火势，人们就必须不断地向炉子里添加柴火等燃料。人体也一样，没有能量，一切活动便会停止。为了获取能量，人们就必须不断地摄取人体的"燃料"——食物。不过并不是食物中任何成分进入体内都可"燃烧"变成能量，只有其中的蛋白质、脂肪、糖三类供能物质才能在体内燃烧变成能量。

一、能量产生方式与供能系统

人体的一切活动都是依靠化学能进行的,而直接供给肌肉活动使用的化学能是一种叫 ATP(三磷酸腺苷)的能量物质。机体在用掉 ATP 的同时,必然要不断有新的 ATP 形成以维持生命活动。

（一）产能方式

人体将食物"燃烧"生成 ATP 的方式有两种：

一种是食物"燃料"在氧气的参与下生成能量,即有氧供能系统,这种产能方式产能速度较慢,但能长时间持续供能,食物中的蛋白质、糖、脂肪这三种"燃料"皆可通过此方式产能,最终变成二氧化碳和水。

另一种是食物"燃料"在无氧或缺氧的情况下产生能量,即无氧供能系统。这种产能方式因食物"燃烧"后会生成乳酸,故又叫乳酸供能系统。这种产能方式产能速度较快,但由于乳酸积累,若单纯靠该系统供能,运动持续时间不超过两分钟,且食物燃料中仅有糖能通过此方式产能。

（二）供能系统

人体运动时的供能系统,依其运动强度和运动持续时间的不同可分为 ATP－CP 系统、无氧糖酵解(乳酸)系统和有氧氧化系统。

1. ATP−CP 系统及其供能特点

ATP−CP 系统又称非乳酸能系统。它是由肌肉内的 ATP 和 CP 这两种高能磷化物构成的,ATP 与 CP 同样都是通过分子内高能磷酸键裂解时释放能量,以实现快速供能。因此,在运动时供能系统中将 CP 一起称为磷酸原系统。

磷酸原系统供能不在其数量的多少,而在于其能量的快速可动用性。在三个供能系统中,其能量输出功率最高。凡是短时间极量运动(如:短跑、举重、冲刺、投掷等)时所需的能量几乎全部由 ATP−CP 系统供给。任何强度的运动,开始首先供能的都是 ATP−CP 系统,其特点是:

(1)分解供能速度快,重新合成 ATP 速度最快。

(2)不需要氧。

(3)不产生乳酸。

(4)ATP−CP 供能系统最大输出功率为 50W/kg 体重,是三个供能系统中输出功率最高者。

(5)维持供能的时间短。例如一名 70 千克的人参加运动的肌肉以 20 千克计算,ATP−CP 供能系统储备的能量,可供轻快走步运动的时间约为 1 分钟;或可维持最大强度运动时间约为 6~8 秒左右。30~60 米疾速跑全靠 ATP−CP 供能系统保证;60~100 米跑主要靠 ATP−CP 系统供能;200~400 米跑大部分由 ATP−CP 系统供能(也靠乳酸系统提供部分能量)。可见,ATP−CP 系统在短时间最大强度运动的供能体系中起着重要作用。

2. 糖酵解系统及其供能特点

当人体剧烈运动时,骨骼肌能量消耗不仅量大且速度快,有氧供能不足。而 ATP−CP 大量消耗时,糖的无氧酵解便开始参与供能。当氧供应不足的程度为氧化供能需要量的二倍以及肌肉中 ATP−CP 被消耗的量约为原储备量 50% 左右时,为了迅速再合成 ATP 以保证持续运动的能力,骨骼肌中的糖原便大量无氧分解,乳酸开始生成。糖无氧酵解系统是 400 米、800 米、1500 米跑，100 米、200 米游泳的主要供能系统。

糖无氧酵解系统供能的特点：

（1）糖原酵解供能速度快，比有氧氧化供能来得及时，故称其为应急能源。

(2)糖原酵解供能不需要氧,是脂肪酸、甘油、氨基酸等供能物质所不及的。

(3)糖无氧酵解系统供能的最大输出功率为25W/kg体重,约为磷酸原系统的1/2。因此,以糖无氧酵解系统供能为主的运动,表现的速度与力量都不如磷酸原系统,但维持供能时间比较长。

(4)糖酵解产生的能量有限,但可积少成多。

(5)糖酵解的代谢产物为乳酸。乳酸在肌细胞中大量增多,不仅对ATP的合成起抑制作用,且可能引起肌细胞代谢性酸中毒,工作能力降低,易发生疲劳。

3. 有氧氧化系统及其供能特点

虽然在糖酵解作用中,能迅速释放能量并且不需要氧,可是在这种情况下再合成ATP的量是相当少的。糖、脂肪和蛋白质氧供应充足的条件下,氧化为二氧化碳和水,同时释放大量能量,使ADP再合成ATP。这种有氧氧化供能过程,称为有氧氧化系统。

有氧氧化系统供能的特点:

(1)体内95%的ATP均来自线粒体内的氧化磷酸化作用,是ATP

生成的主要途径,是人体能量消耗的主要供能系统。

(2)糖的有氧氧化释放的能量比糖酵解生成的 ATP 数量大 19 倍,因此比糖酵解产生的能量多,且比脂肪消耗的能量少,是体内最经济的能量供应系统。

(3)有氧供能系统的能量物质来源广阔、种类多、储备量大,是取之不尽的能量来源。

(4)有氧氧化过程复杂、供能速度慢,脂肪氧化供能因耗氧量大,受氧利用率的影响,只有在运动强度低、氧供应充足的条件下才能被大量利用。所以有氧供能系统是耐力运动项目的主要供能来源。

(5)糖和脂肪有氧氧化时,最大输出功率比其他两个系统均低。

二、运动时的能量供应

运动时的能量来源:运动时无氧系统和有氧系统均会提供能量作肌肉活动之用,只不过各个供能系统的重要性会在运动项目的种类、健身者的训练状态及膳食等方面有所差异。原则上大部分的运动项目皆可被归纳为两个类别:

1. 时间短而强度大的运动：一切只可以维持 2～3 分钟的运动项目，如 100 米、200 米、400 米及 800 米跑等均可被视为时间短而强度大的项目。一些瞬间爆发性运动如投掷、举重、跳高、跳远，以及其他倾全力运动（时间少于 10 秒的运动）几乎都是由 ATP－CP 无氧系统供能。而倾全力运动时间在 30～90 秒的运动（如 200 米跑）则基本上由糖无氧供能系统供能。不过 ATP－CP 的消耗仅需 2～3 分钟即可完全恢复，因此停一下后便又可重复运动，积累的乳酸则需 1～2 小时才能完全消除。

2. 时间长而强度较小的运动：任何可以维持较长时间（10 分钟以上）的运动项目都可以归纳到时间长而强度较小的这个项目类别中。运动时间长于 3 分钟的运动（如 1500 米以上跑）则主要由有氧供能系统提供能量。20 分钟以内的运动项目主要以糖原作为燃料，脂肪次之。当运动持续下去（如 1 小时以上），糖原的储备明显下降时，脂肪便会逐渐取而代之成为有氧系统的主要燃料。

从健身方式看，一般进行小于 80 个储备心率的运动健身时，基本上由有氧系统供能；不过健身时的力量训练和静力伸展等项目则多属无氧系统供能。值得注意的是，有氧运动开始时，如突然运动，由于心率、呼吸一下子跟不上,导致相对缺氧,主要由糖无氧供能系统供能从而引起乳酸增加。为避免该情况,健身时宜尽量做好准备活动。

　　除了时间短而强度大及时间长而强度较小的项目外,还有一些运动项目介于两者之间,这类项目的特点就是需要有氧系统及无氧系统的同时或交替运作,因而属混合运动。以1500米及3000米为例,在活动的加速及冲刺阶段,无氧系统是主要的供能系统。另一方面,在活动的中段或稳定状态阶段,能量则主要由有氧系统供给。其实,不只径赛项目如此,其他的运动项目如游泳、自行车,甚至是球类活动等都有类似的情况。

　　其实,供能系统的主导地位,主要是根据运动项目实际进行时的速度和时间而定。运动进行时的速度越快,强度通常也越大,能够维持的时间亦越短。因为机体没有足够的氧气供给,亦没有充足的时间过渡至稳定状态,所以能量只有靠无氧系统供给。速度越快,强度越大,ATP－CP系统在提供能量上越重要。当运动持续,磷酸肌酸接近耗尽的时候,乳酸系统便取而代之成为主导的供能系统。反过来说,耐力性项目或当运动的速度放缓,强度下降,机体得到充分的氧气供给,并进入稳定状态后,能量便可以单靠有氧系统来供应。不过当运动的速度或强度再度增加时,无氧系统又会重新投入工作,甚至再次成为主导的供能系统。

运动小知识:

发展有氧供能系统

我们知道,运动效果具有特异性。比如从只需要体力的运动看,短跑的人长跑能力并不见得很好,相反也一样,举重的人跑的能力也并不一定好。这就是由于锻炼方式不一样,发展提高的能量系统也就不一样。虽然三种供能系统都是肌肉活动所需,但与人体健康关系最密切的则是有氧供能系统。它是肌肉日常活动最常动用的方式。无氧供能系统仅是其必要的补充。因此,健身保健时宜以有氧运动为主来发展有氧供能系统。

第二节　运动与供能物质

虽然我们的肌肉正常情况下会储备少量 ATP－CP,但这些能量最多维持 10 秒钟的全力运动,即使用于行走,1～2 分钟即全部用完。因此,我们必须摄入能源物质以维持 ATP 的产生。现在就让我们进一步了解能源物质的知识,这对我们健身时该怎样吃无疑是具有参考价值的。

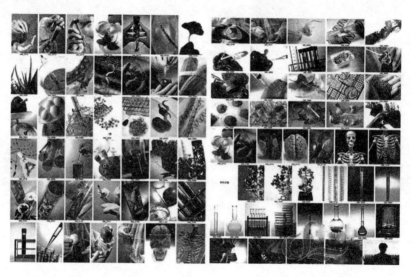

一、供能物质

食物中供能的物质有蛋白质、糖、脂肪三大类,且三种"燃料"皆可通过有氧供能方式产生 ATP,但糖则是唯一通过乳酸系统供能的"燃料"。

(一)蛋白质

含蛋白质多的食物包括:牲畜的奶,牛奶、羊奶、马奶等;畜肉,牛、羊、猪肉等;禽肉,鸡、鸭、鹅、鹌鹑、鸵鸟肉等;蛋类,鸡蛋、鸭蛋、鹌鹑蛋等;水产,鱼、虾、蟹等;还有大豆类,黄豆、大青豆和黑豆等,其中黄豆的营养价值最高,它是婴幼儿食品中优质的蛋白质来源;此外芝麻、瓜子、核桃、杏仁、松子等干果类蛋白质的含量均较高。

（二）糖

食物中直接含葡萄糖的水果居多，如西瓜、葡萄、香蕉、梨、苹果等，而其他含葡萄糖的大多是甜食，如低档水果糖、雪糕、冰激凌、饮料等。其次是甜点，如饼干、蛋糕等，并不是越甜含葡萄糖越高，高档甜食一般含果糖和蔗糖多，低档甜食一般含葡萄糖多些，因葡萄糖糖浆和葡萄糖糖粉价格都较便宜。面食如馒头、面条、饼等含一定量葡萄糖，但不多，面食主要含大量淀粉，淀粉进入体内被消化后才会被转换成大量葡萄糖。

（三）脂肪

从食物的种类划分，吃可以分为吃荤和吃素两种。吃荤主要是指肉食，以及一些高蛋白、高脂肪的食物，比如说各种鸡、鸭等禽类，各种猪、牛、羊等肉类，还有蛋、奶、水产品等等。吃素主要是指非肉食，即以蔬菜、水果、谷物为主。就吃荤有利于健康还是吃素更有利于健康而言，有史以来就一直争论不休，其实荤素并不重要，重要的是能否适应机体的需要，能否为机体消化吸收。只要机体这个时候是需要的，荤素都是必须得吃的。

脂肪含量偏高：锅贴、枣泥月饼、韭菜水饺、烧卖、薯条、吉士汉堡、比萨……

脂肪含量较高：炸春卷、小笼包、蛋黄、香鱼、苹果派、巧克力……

脂肪含量极高：油条、狮子头、炸鸡……

运动小知识：

中低强度长时间运动时会动员较多脂肪酸供能，但是提供能量的脂肪酸则既可来自于脂肪动员入血浆的游离脂肪酸，也可来自于肌细胞内本身储备的甘油三酯。以前不常运动的人，肌细胞内储存的甘油三酯不多，此时脂肪能量主要来自于血浆中的自由脂肪酸；而对于经常运动的人，肌细胞内则会储备较多的甘油三酯，此时脂肪的供能主要来自于肌细胞内的储备，而较少来自于自由脂肪酸。这样显然对于不常运动的人减肥有好处，而对于经常运动已经不肥的人，又不会致体脂过少。

二、健身运动与供能物质

人体的活动需要能量,健身锻炼时需要更多的能量,这些能量来自人体内的营养物质。但营养物质不能直接为细胞提供能量,它储存的能量必须经过释放转变成含有高能磷酸键的化合物,分解产生 ATP,才能作为肌肉收缩的直接能量。由于 ATP 的含量很少,依靠肌肉的 ATP 只能维持 1 秒钟左右,因此,只有不停地合成 ATP 才能满足肌肉收缩(即健身活动)的需要。人体有两种系统可以合成 ATP:一是无氧供能系统,包括在无氧或氧供应不足的情况下,高能磷酸化合物分解供能及糖酵解供能;二是有氧供能系统,是在氧供应充足的条件下,糖类(葡萄糖或肌糖原)和脂肪及蛋白质被氧化成二氧化碳和水,并释放出大量能量的过程,起初糖是主要的供能物质,随着锻炼时间的延长,脂肪供能比例增加,蛋白质也随之参与供能。

由上可见,无氧供能和有氧供能是人体在不同运动强度下,根据需氧量的不同所表现出的两种供能方式,两者紧密相连,不可分割,只是比例有所不同。然而就是因为其比例不同,才表现出了不同的锻炼类型和效果。如:持续 1 分钟左右的最大强度运动主要靠无氧供能,400 米以内的快速跑,100 米以内的快速游泳,篮球、排球、足球、网球、乒乓球、羽毛球等球类活动中的激烈对抗比赛和练习,快速跳绳等当属于此,因此从事时间短、强度大的健身活动主要是在进行无氧锻炼;而持续十几分钟直至几小时的非最大强度的运动主要是靠有氧供能,马拉松跑和 5000 米从上的长距离慢跑,800 米以上距离的游泳,持续 10 分钟以上的划船,10000 米以上的滑冰,越野滑雪以及长距离骑自行车,较长时间的健身舞蹈等健身运动被称为有氧锻炼。

从健身锻炼追求全面增强体质的目的出发,建议大家多选择活动时间较长,运动强度适中的有氧锻炼,不仅能促进心肺和血管系统保持较好的功能,改善新陈代谢,还有助于消除体内多余的脂肪,保持健美的体型。

第六章　运动健康与饮食

　　合理的饮食方式,能及时补充人体的能量所需,将人的状态调整到最好。运动期间,水、运动型饮料、水果、蔬菜汁或者矿泉水都是不错的选择,能及时防止人体脱水;运动后你可能感到疲累,碳水化合物能及时为你补充能量,缓解酸痛;锻炼之后 30 分钟内可吃些富含碳水化合物的食物……不管你是在健身房、竞技场、还是在家或是在办公室,你所吃的食品决定着你的表现。搭配合理的食品能获得更好的锻炼效果。

一、饮食和锻炼搭配小窍门

1. 关键的碳水化合物

　　碳水化合物是人体为体力活动准备的优先的燃料来源,也是运动员的训练计划中必不可少的组成部分。面包、米饭、谷类食品、面食、水果和蔬菜为肌肉提供了高能量燃料,可以在锻炼后加快肌肉燃料的重新储备。如果你摄入的碳水化合物不够多,就会更容易疲劳。具体需要多少碳水化合物,这取决于个体的训练和个人要求。对训练量很大的运动员而言,每天需要的碳水化合物是每千克体重6~10 克。譬如说,如果体重为 60 千克的运动员每天训练 2~4 小时,那么他每天大约需要 360~600 克的碳水化合物。

2. 高效补水饮料

要获得良好的锻炼效果,饮料必不可少。在高强度活动期间,体内流质减少会增加中暑性痉挛、中暑衰竭或者中暑的可能性。锻炼之前、期间及之后要喝饮料,并把这作为锻炼计划的一部分。要养成多喝饮料的习惯,哪怕在不锻炼的日子也是这样。水、运动型饮料、水果汁、蔬菜汁或者矿泉水都是不错的选择。建议在锻炼、训练及比赛期间饮用冷水或者运动型饮料。酒精和咖啡因会导致人体脱水,因而算不上是补充水分的饮料。锻炼前 2 小时喝 400 毫升到 600 毫升饮料,锻炼期间每隔 15～20 分钟就喝 150～350 毫升饮料。

运动小常识:

运动与酒、茶、咖啡等饮料

运动后口渴时不要以酒、茶或咖啡替代运动饮料或水。事实上酒、茶、咖啡等都属于增加能量消耗的饮料。虽然酒里面也含有水分和少量糖,但进入体内的酒精却会加快肝糖原分解,且直接通过加快心率、扩张血管等,促使能量消耗增多,随后反而会加重疲劳感,且对水分的恢复也无好处。至于饮茶或咖啡,虽然短时间内可提高体力,减轻疲劳感,但同样它可加快心率,增加代谢率,过后也会加重疲劳感,且咖啡因还有利尿作用,这样不但起不到补水作用,反而还会加剧水分的流失。不过对于控制体重减肥的人来说,运动前喝一些含有少量咖啡物质的饮料(如可口可乐)并无坏处,反而会由于咖啡物质促进运动时脂肪分解以及机体代谢耗能增加而有一定益处。

3. 安排饮食时间

如果你即将参加跑步比赛或者其他竞赛,应当在赛前两三个小时,来一顿低脂肪、高碳水化合物的饭菜。吃些你所熟悉、又易于消化的食品。水果、酸奶、硬面包圈或者一碗谷类食品都是较好的选择。如果你在运动期间胃里有食品,血液就会从消化道改流到锻炼中的肌肉,从而导致胃部痉挛和滞胀感。如果你在早上空腹锻炼,就要有前一天储备下来的足够能量来维持 60～90 分钟的锻炼。要是你觉得一大早锻炼之前吃早餐不方便,可以在前一天晚上上床前,来些富含碳水化合物的点心。如果你在当天晚些时候锻炼,而且离上一餐过了 4 小时以上,那么应当在开始锻炼前 45～60 分钟来些点心。你的食品选择和偏好可能会有不同,这取决于你锻炼的时间、从事的运动以及运动强度。你很快会知道哪些食品组合最适合自己。

4. 为耐力赛准备补充碳水化合物

补充碳水化合物适合于参加马拉松、铁人三项赛或者长距离自行车比赛的运动员。如果比赛是不间断的、持续不到 90 分钟,普通的高碳水化合物饮食就够了。补充碳水化合物需要在比赛前三四天,稍微减少训练量,并在这段期间,把碳水化合物的比例增加到全部热量的 70%到 80%。

5. 补充及恢复

锻炼之后,补充肌肉中的糖原很重要。应当在锻炼之后 30 分钟内食用些富含碳水化合物的饮料或者食品。这时候,人体肌肉对摄入的碳水化合物最容易吸收。如果你在一天内要参加两次或者更多次活动,那么在大运动量锻炼后的 1～4 小时内吃些富含碳水化合物的食品显得特别重要,像硬面包圈、水果、谷类食品等,因为这些食品易于食用。要是你对非流质食品没有胃口,果汁和运动型饮料是锻炼后立即补充碳水化合物的理想来源,它们还有助于你补充水分。

6. 补充流失的钠和钾

锻炼期间流失的这两种元素可以通过食品来补充。应当吃些富含钾元素的水果和蔬菜,如香蕉、橙子、甜瓜和西红柿。锻炼后往饮食中稍稍添加一些盐,即可补充因出汗而流失的钠。

7. 维生素和矿物质

体力活动可能会加大人体对某些维生素和矿物质的需要。不过,如果你摄入的热量足够多,满足得了体力活动的要求,而热量又来自营养食品,那么恐怕不需要服用任何补充剂。营养补充剂不能为你提供额外的能量,除非你一开始就缺少某种营养成分。

8. 不需要更多的蛋白质

蛋白质很重要,因为它有助于增强及修复人体组织和肌肉。许多运

动员认为:因为肌肉是由蛋白质组成的,所以摄入大量的蛋白质食品会有助于增强肌肉。但事实并非如此。刺激肌肉增长的最有效途径是培训,而不是蛋白质补充剂。运动员对蛋白质确实有比较大的需要,不过这可以通过精心规划、搭配合理的饮食来满足。增强肌肉的最佳办法就是摄入足够的食品,以补充当天消耗的能量。对耐力运动员而言,建议每天摄入的蛋白质为每千克体重1.2～1.4克,而对接受阻力训练和力量训练的运动员而言,每天可能高达每千克体重1.6～1.7克。

二、运动营养与搭配

1. 运动和水

人体每天需要2000～3000毫升水来调节体温、参与营养物质的代谢、稀释代谢废物、帮助有害有毒物质的排泄等。运动时由于新陈代谢加速、出汗等导致水分消耗增加。所以,运动前、运动中和运动后都应该适当补充水或运动型饮料。

2. 运动和糖分

糖是运动中不断提供能量的营养成分,它提供能量最快,且代谢产物是水和二氧化碳,所以不仅可补充少量水,还可以稀释肌肉运动过程产生的酸性物质,减轻肌肉疲劳。

3. 运动前的一餐

运动前 1～2 小时进餐,饮食应包括谷类食品、适量副食(大豆类制品、肉类、禽类或鱼虾)、蔬菜、水果和汤类、水。

4. 运动中的饮食

运动不超过一小时或出汗少量者,运动中应饮水 200～300 毫升。运动超过 2 小时者,应补充含糖饮料或水加少量面包,或水加含糖奶类。

运动超过 3 小时(马拉松、爬山等)应每隔 0.5～1 小时补充 200～300 毫升水或运动型饮料、果汁等。

三、运动与饮食如何搭配

在体育运动时,由于大量血液分布到运动系统中,消化系统的血液减少,功能下降。专家指出有两个原因:

1. 运动时主管骨骼肌、心肌运动的大脑皮质中枢处于一种相对的兴奋状态,而其他部位则处于一种相对的抑制状态,胃肠蠕动减弱,消化液分泌减少。

2. 运动时,大量血液分布在运动系统,消化系统的血液减少,功能下降。即便停止了运动,在短时间内仍会保持以上状况,所以运动后立即进食会影响食物的消化吸收,对身体不利,久而久之还会引起消化不良,慢性胃炎等肠胃疾病。

运动前最好是提前1～2小时之间吃些高纤饼干、葡萄干或是新鲜水果。

运动后，最好一小时后再吃东西，若是在运动后两小时还没有吃正餐的话，可以再吃固体状的食物补充糖类和蛋白质。运动后必须要避免饮用含有咖啡因的饮料，例如咖啡、汽水和茶。因为咖啡因也有利尿的作用，会令你体内水分的补充不足。

运动健身时在吃饭时间安排上是很讲究的，饭前、饭后都不宜从事剧烈的运动，运动和吃饭之间要有一定的间隔。运动时，我们人体为了保证肌肉骨骼氧气和营养物质的氧分供应，在中枢神经系统的调节下，全身的血液进行重新分配，使消化腺的分泌大大减少，从而影响了胃肠部的消化和吸收。运动愈剧烈、持续时间愈长，消化器官的活动就需要更长的时间来进行恢复，因此运动后人不想进食是正常的生理反应。一般认为，运动后至少休息30～40分钟进食较为科学。同样，在饭后也不能立即去参加剧烈的体育运动，如果饭后马上参加剧烈运动，可使正在参与胃肠消化的血液又重新分配，流向肌肉和骨骼，从而会影响胃肠的消化和吸收，饭后即刻参加剧烈运动还会因为胃肠的震动和肠系膜的牵扯而引起腹痛及不适感，这会影响人体的健康。

因此，至少在饭后1.5小时以后才可以进行运动。而饭后进行不太剧烈的活动，例如散步及比较和缓的文体活动，不仅可以帮助消化，对健康也是有利的。

第七章 体育锻炼的生理卫生知识

"生命在于运动",而运动必须有一定的规律性,只有掌握体育锻炼的一般生理卫生知识,科学地进行体育锻炼,才能起到健身强体、防病治病的作用。随着现代生活水平的提高,余暇时间的增多,人们越来越意识到参加体育锻炼的必要性。但是,人们在从事体育锻炼前经常会遇到一个共同问题:怎样进行体育锻炼?对于一般人来说,在开始参加体育锻炼前,除了进行一般的身体检查和必要的咨询外,首先要做好以下准备:

1. 培养锻炼兴趣。在从事体育锻炼前,应首先培养锻炼者对体育运动的兴趣,这是长期进行体育锻炼的前提。培养体育锻炼兴趣的方式有很多,如观看体育比赛、与亲朋好友进行体育活动等。有了浓厚的体育锻炼兴趣,就能自觉地投入到体育锻炼之中,从而取得理想的体育锻炼效果。

2. 选择活动项目。在进行体育活动时,除根据自己的兴趣选择活动项目外,还要考虑体育锻炼者自身的条件。青少年活泼好动,可以选择一些强度较大、带有游戏性质的活动项目,如打篮球、踢足球、爬山、游泳、跳健美操等;老年人身体机能较差,应选择一些活动量相对较小、而且不容易出现运动伤害的活动项目,如太极拳、跑步等;对于一些为预防或治疗某些疾病而进行的康复性体育活动,则应根据锻炼者的身体状况选择锻炼项目,并且应在医生或运动医学工作者的指导下进行。同时,锻炼者还应根据不同的季节、气候条件确定体育锻炼项目,如冬季可进行长跑、足球、滑冰等运动,夏季可进行游泳、篮球、排球等活动。总之,运动项目可多样化,选择的运动项目要对整体机能产生良好影响。

3. 确定运动强度。为增强体质而进行的体育锻炼主要是为了提高人体的健康水平,而不是为了创造运动成绩,所以体育锻炼的运动强度不宜过大,特别是中老年人和体育康复者更应如此。体育锻炼中控制运动强度最简单的办法是测定体育锻炼时的脉搏。虽然不同年龄和机能状况的人在体育锻炼时的最佳脉搏有所不同,但对一般体育锻炼者来说,体育锻炼时的脉搏控制在每分钟 140 次左右较为合适。由于体育锻炼时运动强度相对较小,因而运动的持续时间则应相对较长。每天至少应在半小时以上。对于刚参加体育锻炼的人来说,一开始锻炼的时间宜短不宜长,以后随身体机能的适应,锻炼时间可逐渐加长。

一、体育锻炼前要做好准备活动

体育锻炼前进行充分的准备活动对于体育锻炼者来说是非常重要的,有些体育活动爱好者就是由于不重视锻炼前的准备活动而导致各种运动伤害,不仅影响锻炼效果,而且影响锻炼兴趣,对体育活动产生畏惧感。因此,每个体育活动爱好者在每次锻炼前都必须做好充分的准备活动。

(一)准备活动的主要作用

1. 提高肌肉温度,预防运动伤害。体育锻炼前进行一定强度的准备活动,可使肌肉内的代谢过程加强,肌肉温度升高。肌肉温度的升高,一方面可使肌肉的黏滞性下降,提高肌肉的收缩和舒张速度,增强肌力;另一方面还可以增加肌肉、韧带的弹性和伸展性,减少由于肌肉剧烈收缩造成的运动伤害。

2. 提高内脏器官的机能水平。内脏器官的机能特点之一是生理惰性较大,即当活动开始,肌肉发挥最大功能水平时,内脏器官并不能立即进入"最佳"活动状态。在正式开始体育锻炼前进行适当的准备活动,可以在一定程度上预先动员内脏器官的机能,使内脏器官的活动一开始就达到较高水平。另外,进行适当的准备活动还可以减轻开始运动时由于内脏器官的不适应所造成的不舒服感。

3. 调节心理状态。体育锻炼不仅是身体活动,而且也是心理活动,现在越来越多的研究认为心理活动在体育锻炼中起着非常重要的作用。体育锻炼前的准备活动即可以起到这种心理调节作用,接通各运动中枢间的神经联系,使大脑皮层处于最佳的兴奋状态投身于体育锻炼之中。

(二)如何进行准备活动

一般来说,准备活动时主要应考虑准备活动的内容、时间和量、时间间隔。

1. 内容。准备活动可分为一般准备活动和专项准备活动。一般准备活动主要是一些全身性身体练习,主要包括跑步、踢腿、弯腰等,一般性准备活动的作用是提高整体的代谢水平和大脑皮层的兴奋状态,减少运动损伤的发生;专门性准备活动是指与所从事的体育锻炼内容相适应的运动练习,如打篮球前先投篮、运球,跑步前先慢跑等。除非进行一些专门性运动和比赛,一般人体育锻炼时只需进行一般性准备活动,即可进行正式的体育活动内容。

2. 时间和量。准备活动的时间和量随体育锻炼的内容和量而定,由于以健身为目的的体育锻炼量较小,所以准备活动的量也相对较小,时间不宜过长,否则,还未进行体育锻炼身体就疲劳了。半小时的体育锻炼,其准备活动的时间一般为 10 分钟左右。气温较低时,准备活动的时间也要适当长一些,量可大一些。气温较高时,时间可短一些,量可小一些。

3. 时间间隔。与运动员正式参加比赛不同,一般人进行准备活动后就可以马上从事体育锻炼,运动员在准备活动后适当的休息是为了使身体机能有所恢复,以便在比赛中创造优异成绩。而一般人参加体育活动是为了增强体质,不是创造成绩,所以准备活动后接着进行体育锻炼即可。

二、怎样选择体育锻炼的时间

参加体育锻炼的时间主要根据个人的生活习惯、身体状况或工作性质而定,一般很难统一。但就多数体育锻炼者来说,体育锻炼的时间多安排在清晨、下午和傍晚。不同的锻炼时间有不同的特点,练习者可根据自己的实际情况选择。

(一)清晨锻炼。许多人喜欢在清晨进行体育锻炼,这首先是由于清晨的空气新鲜,早锻炼有助于体内的二氧化碳排出,吸入较多的氧气,有利于体内的新陈代谢加强,提高锻炼的效果;其次,清晨起床后大脑皮层处于抑制状态,通过一定时间的体育锻炼,可适度提高大脑皮层的兴奋性,从而有利于一天的学习与工作。经常参加体育锻炼的人多有这样的体会,如果清晨不进行体育锻炼,一天都觉得无精打采,提不起精神;再者,早锻炼时,凉爽的空气刺激呼吸道黏膜,可增强机体的抵抗力,以适应外界环境的变化,不易发生感冒等病症。所以有人说,早晨动一动,少闹一场病。对于清晨时间较宽松的离退休老同志来说,清晨不失为理想的锻炼时间。但是,由于清晨锻炼多在空腹情况下进行,所以运动量不要太大,时间也不宜长。否则,长时间的运动会造成低血糖,不仅影响锻炼效果,而且会使身体产生不适感。另外,对工作学习紧张、习惯于晚起床的人来说,没有必要每天强迫自己进行早锻炼。

(二)下午锻炼。主要适合有一定空余时间的人进行体育锻炼,特别适合大、中、小学的师生,经过一天紧张的工作或学习后,下午进行一定强度的体育锻炼,不仅可以增强体质,而且可使身心得到调整。下午进行体育锻炼时,运动强度可大一些,青年学生可打球、做游戏,老年人可打门球,跑步。对心血管病人来说,下午运动最安全。医学研究表明,心血管的发病率和心肌劳损的发生率均在上午 6～12 时最高,所以,为了避免这一"危险"时段,运动医学工作者认为,心血管病人的适宜锻炼的时间应在下午。

(三)傍晚锻炼。晚饭后也是体育锻炼的大好时光,对那些清晨和白天工作、学习十分紧张的人来说尤为如此。傍晚进行适当的体育锻炼，既可以健身强体，又可以帮助机体消化吸收。傍晚运动的主要形式为散步，北方一些地区的人们在傍晚集体扭大秧歌，这也适合于中老年人。傍晚进行体育活动的时间可长可短，但一般不要超过1小时，运动强度也不可大，心率应控制在每分钟120次。强度过大的运动会影响胃肠的消化吸收，同时，傍晚锻炼结束与睡觉的间隔时间要在1小时以上，否则，会影响夜间的休息。

三、体育锻炼时如何控制运动量

体育锻炼时，合理控制运动量是影响运动效果的重要因素之一。活动量太小，达不到锻炼身体的目的；运动量过大，又会引起过度疲劳，影响身体健康。所以，每位体育运动爱好者在开始体育锻炼前就应学会监测运动量的方法。体育锻炼中常见的监测运动量的方法有以下几种：

（一）测运动时脉搏。在体育锻炼时或体育锻炼后，立即测10秒钟内的脉搏，就一般体育锻炼者来说，运动后即刻的心率最好不要超过每10秒25次。脉搏次数过快，主要是发展机体的无氧代谢能力，这对一些专项运动员来说是十分重要的，但对提高身体的健康水平意义不大，而且运动量过大会增加心脏负担，可能会出现一些意外事故。即使是特殊需要，体育锻炼者运动时的心率也不要超过每10秒30次。

（二）根据年龄控制运动量。年龄与体育锻炼中的运动量有密切的关系，随着年龄的增加，人体的运动能力逐渐下降，体育活动量也应随之减小，现在，体育活动中经常用"180－年龄"的值作为体育锻炼者的最高心率数，即30岁的人在进行体育锻炼时其心率数不要超过每分钟150次，而70岁的人参加体育锻炼时的最高心率不要超过每分钟110次，这一公式已广泛应用到以健身为目的的体育锻炼之中。

（三）根据第二天的"晨脉"调节运动量。"晨脉"是指每天早晨醒后（不起床）的脉搏数，一般无特殊情况，每个人的晨脉是相对稳定的。如果体育锻炼后，第二天晨脉不变，说明身体状况良好或运动量合适；如果体育锻炼后,第二天的晨脉较以前每分钟增加5次以上,说明前一天的活动量偏大,应适当调整运动量;如果长期晨脉增加,则表示近期运动量过大,应该减少运动量,或暂时停止体育锻炼,待晨脉恢复正常时,再进行体育锻炼。

(四)主观感觉。体育锻炼与运动员的运动训练不同,其基本原则为:锻炼时要轻松自如,并有一种满足感,这也是锻炼者进行运动量监测的一项主观指标。如果锻炼后有一种适宜的疲劳感,而且对运动有浓厚的兴趣,则说明运动量适合机体的机能状况;如果运动时气喘吁吁、呼吸困难,运动后极度疲劳、甚至厌恶运动,则说明运动量过大,应及时调整运动量。体育锻炼对身体机能是综合刺激,身体机能的反应也是多方面的,锻炼者可根据自身条件对身体机能进行综合评价,必要时,应在医务工作者的监督下进行。

四、体育锻炼时要注意合理的呼吸方法

体育锻炼时掌握合理的呼吸方法,可以有效地提高锻炼效果。对于体育爱好者来说,掌握合理的呼吸方法应注意以下几方面的问题:

(一)采用口鼻呼吸法,减小呼吸道阻力

人体在进行体育锻炼时,氧气的需求量明显增加,所以仅靠鼻实现通气已不能满足机体的需要。因此,人们常常采用口鼻同用的呼吸方法,即用鼻吸气,用口呼气。活动量较大时,可同时用口鼻吸气,口鼻呼气,这样一方面可以减小肺的通气阻力,增加通气。另一方面,通过口腔增加体内散热。有研究证实,采用口鼻呼吸方式可使人体的肺通气量较单纯用鼻呼吸增加一倍以上。在严冬进行体育锻炼时,开口不要过大,以免冷空气直接刺激口腔黏膜和呼吸道而产生各种疾病。

(二)加大呼吸深度,提高换气效率

人体在刚开始进行体育活动时往往有这种体会,即运动中虽然呼吸频率很快,但仍有一种呼不出、吸不足、胸闷、呼吸困难的感觉。这主要是由于呼吸频率过快,造成呼吸深度明显下降,使得进入肺实际进行气

体交换的气体的量减少,肺换气效率下降。所以,体育锻炼时要有意识地控制呼吸频率,呼吸频率最好不要超过每分钟 25～30 次,加大呼吸深度,使进入肺内进行有效气体交换的量增加。过快的呼吸频率还会由于呼吸肌的疲劳造成全身性的疲劳反应,影响锻炼效果。

(三)呼吸方式与特殊运动形式相结合

不同的体育锻炼方式对人体的呼吸形式有不同的要求,人体的呼吸形式可分为胸式呼吸、腹式呼吸和混合呼吸,在运动中呼吸的形式、时相、速率、深度以及节奏等,必须随运动进行自如的调整,这不仅能保证动作质量,同时还能推迟疲劳的出现。在进行跑步运动时,宜采用富有节奏性的混合呼吸,每跑 2～4 个单步一吸、2～4 个单步一呼;在进行其他的运动时,应根据关节的运动学特征调节呼吸,在完成前臂前屈、外展等运动时,进行吸气比较有利,而在进行屈体等运动时,呼气效果更好;在进行气功练习时,采用以膈肌收缩为主的腹式呼吸;在进行太极拳、健美操等运动时,呼吸的节奏和方式应与动作的结构和节奏相协调。因此,在体育锻炼时,切勿忽视呼吸的作用,掌握合理的呼吸方法,可以有效地提高锻炼效果。

五、体育锻炼时出现不舒服的感觉如何处理

人体在体育锻炼过程中有时会出现一些不舒适的感觉,这主要是由于活动时安排不当造成的,但在个别情况下也可能是由某些疾病引起的。所以,锻炼者要能够及时判断运动中出现的各种不适感,以便科学地从事体育锻炼,防止意外事故的发生。体育锻炼中的不舒适的感觉极其一般处理方式大约有以下几种情况:

(一)呼吸困难、胸闷。运动量过大,机体短时间不能适应突然增大的运动量而出现呼吸困难、胸闷、动作迟缓、肌肉酸痛等症状,甚至不想继续运动,这种现象在运动生理学中被称为"极点"。极点主要是由于运动时呼吸方式不对(呼吸表浅,呼吸频率过快),或运动强度过大,造成机体缺氧,乳酸等物质在体内堆积,引起呼吸循环系统活动失调,并使大脑皮层的兴奋性下降。当出现上述症状后，一般不用停止体育锻炼，可适当降低运动强度，一般几分钟后，不适感即可消失。

（二）运动中腹痛。运动中腹痛主要有两种情况：一是胃痉挛，这主要是由于饮食不当，食物刺激胃，引起胃痉挛，或是空腹参加剧烈运动，胃酸刺激引起胃痉挛性疼痛。如果运动中出现这种情况，可暂时停止运动，做一些深呼吸运动，严重者，可进行热敷，喝少量温开水，以使症状得到缓解，在以后的运动中，要注意锻炼卫生，改掉不良的锻炼习惯。二是肝脏充血，疼痛主要出现在右上腹，这是由于运动量突然加大，造成肝脏充血、肿大，引起疼痛。出现这种情况，轻者可降低运动强度，疼痛消失，再继续锻炼；如果连续几天体育锻炼均出现右上腹疼痛，则建议去医院检查。

（三）肌肉疼痛。体育锻炼中肌肉疼痛有以下几种情况：

1.运动时肌肉突然疼痛，且肌肉僵硬。这种现象为肌肉痉挛，多出现在骤冷天气和天气炎热大量排汗时。肌肉痉挛多发生在小腿肌肉，或足底。出现肌肉痉挛后，只要缓慢用手牵拉痉挛的肌肉，即可使症状缓解，轻者继续运动，重者可放弃当天的运动，第二天仍可继续参加锻炼。

2.肌肉突然疼痛，而且有明显的压痛点。这主要是由于肌肉用力不当，造成肌肉拉伤。肌肉拉伤后应立即停止体育锻炼，并进行冷敷、包扎等应急性措施，到就近医院治疗。

3.肌肉酸痛，指在刚开始体育锻炼后几天，连续出现的广泛性肌肉酸痛，无明显的压痛点。这种疼痛是体育锻炼过程中的一个生理反应过程，一般在第一次运动后的第二天出现，2～3天疼痛最明显，一般一周后消失。对于这种情况，没有必要停止体育锻炼，其处理办法可见本书第十章。

4.慢性肌肉劳损，长时间出现局部性肌肉酸痛，而且连续锻炼不减轻。这主要是由于长期不正确的运动动作造成的，慢性劳损的主要特征是不活动时劳损局部疼痛，而当身体进入活动状态后，疼痛症状减轻或消失。慢性劳损的恢复时间较长，一旦发现，就应彻底改变错误动作，形成正确的动力定型，以防劳损的发展。同时，及时去医院治疗。

六、体育锻炼后不要暴饮暴食

经常从事体育锻炼,可促进胃肠道的蠕动和消化液的分泌,对消化吸收机能可产生良好影响。但是,如果在体育锻炼后不注意饮食卫生,暴饮暴食,则会严重影响锻炼者的身体健康。人体在进行体育活动时,支配内脏器官的交感神经高度兴奋,副交感神经的活动受到影响。这种作用可使心脏活动力加强,骨骼肌血流量增加,以保证体育锻炼时肌肉工作的需要,而胃肠道的血管收缩,血流量减少,消化能力下降。这种作用要在运动结束后逐渐恢复,如果在运动后立即进食,由于胃肠的血流减少、蠕动减弱,消化液分泌减少,进入胃肠内的食物无法及时消化吸收,而且储留在胃中,牵拉胃黏膜造成胃痉挛。长期不良的饮食习惯还可诱发消化道疾病。因此,在运动后应注意合理的饮食习惯。合理的饮食习惯应包括以下几点:

(一)体育锻炼后,不要急于进食,要使心肺功能稳定下来,胃肠道机能逐渐恢复后再用餐。这段时间一般为半小时,如果是下午的较剧烈体育锻炼,间隔的时间应相对更长。

(二)与体育锻炼后进食不同,体育锻炼后的补水是可行的,只要口渴,在运动后,甚至在运动中即可补水。以往人们担心运动中补水会增加心脏负担,现在看来这种担心是多余的。在天气较热的情况下,大量排汗引起体内缺水,不及时补水,可能会造成机体脱水、休克等症状。所以,运动中流失的水必须及时补充。最近的研究发现,中等强度的体育锻炼后,胃的排空能力有所加强,因此,运动后或运动中的补水是可行的。马拉松比赛途中的饮水站,也说明运动中补水是非常必要的。

(三)补水要注意科学性,不可暴饮。体育锻炼后的补水原则是少量多次,可以在运动后每20~30分钟补水一次,每次饮水量250毫升左右,夏季时水温10度左右,其他季节最好补充温水;饮用不同成分的饮料对人体有着不同影响,运动中排汗的同时也伴随着无机盐的流失,因此,运动后最好补0.2%~0.3%的盐水,也可选用橙汁、桃汁等原汁稀释饮料,不要饮含糖量过高(大于6%)的饮料,尽可能不饮用汽水。

七、剧烈运动后切勿立即坐下休息

在进行体育锻炼后,特别是剧烈运动后,有些人习惯于坐在地上,或是直接躺下来休息,认为这样可以加速疲劳的消除,其实,这样不仅不能尽快地恢复身体机能,反而会对身体产生不良影响。人体在进行体育活动时,心血管机能活动加强,骨骼肌等外周毛细血管开放,骨骼肌血流量增加,以适应身体机能的需要,而运动时骨骼肌的节律性收缩,又可以对血管产生挤压作用,促进静脉血回流。当人体在停止运动后,如果停下来不动,或是坐下来休息,静脉血管失去了骨骼肌的节律性收缩作用,血液会由于受重力作用滞留在下肢静脉血管中,导致回心血量减少,心输出量下降,造成暂时性脑缺血,出现头晕、眼前发黑等一系列症状,严重者会造成休克。因此,对于体育锻炼者来说,体育锻炼后应做一些整理活动,这样,一方面可以避免头晕等症状的发生,还可以通过改善血液循环,尽快消除疲劳,提高锻炼效果。

在进行整理活动时应注意以下几方面的问题:

1. 在任何形式运动后都可以做一些放松跑、放松走等形式的下肢运动,促进下肢静脉血的回流,防止体育锻炼后心输出量的过度下降。

2. 通过"转移性活动"加速疲劳的消除。所谓"转移性活动"是指在下肢活动后,进行上肢性整理活动,右臂活动后做左臂的整理活动,通过这种积极性休息使身体机能尽快恢复,大量研究已经证实转移性活动确实可起到加速疲劳消除的作用。

3. 整理活动的量不要过大,否则,整理活动又会引起新的疲劳。在进行整理活动时,应当有一种心情舒畅、精神愉快的感觉。如果体育锻炼本身的运动量不大,如散步等,就没有必要进行整理活动。

4. 大强度体育锻炼后,如长距离跑、球类比赛后,应当进行全身性整理活动,必要时,锻炼者之间可进行相互间的整理活动和放松活动。

第八章　中小学生应该
养成良好的生活习惯

中学生不但生长快,而且第二性征逐步出现,加之活动量大,学习负担重,其对热能和营养素的需求超过成年人。因此,一定要按照中国营养学会提出的要求调配膳食:

1. 多吃谷类,供给充足的热能。
2. 保证鱼、肉、蛋、奶、豆类和蔬菜的摄入。
3. 参与体力活动,避免盲目节食。

第一节　合理搭配食物

中学生要保证所摄入的食物品种、数量、质量与其身体需求相平衡,即饮食中所含有的各种营养素应种类齐全、比例合适、数量充足,能满足人体生理和健康的需要。

食物种类很多,但是没有任何一种食物能够满足人体所需的各种营养素,所以就必须利用各种食物,形成平衡饮食。各种食物根据其营养特点可分为五类:

第一类为谷类、薯类。包括米、面、杂粮与马铃薯(土豆)、甘薯(地瓜、白薯、红薯)、木薯等。这类食物主要提供糖类、蛋白质、纤维素和维生素 B。谷类淀粉是人体最理想和最经济的热能来源,谷类中含的脂类不高,其脂类多是不饱和脂肪酸。谷类中无机盐的含量以磷最多,钙的含量不高,铁的含量更少。谷类还是维生素 B 的重要来源。薯类含有丰富的淀粉、膳食纤维以及多种维生素和无机盐,在我国某些地区的膳食中占有较大的比例,是热能的主要供给来源。我国中小学生吃薯类较少,应当鼓励他们多吃些薯类。

谷类营养价值会受到加工和烹调的影响,在日常生活中应该加以注意,避免营养素不必要的浪费和损失。加工稻米、小麦时,不要碾磨得过于精细,否则谷粒表层所含的维生素、无机盐等营养素和膳食纤维会大部分流失到糠麸之中。购买米、面时,不要一味选择精白米、精白面。在日常饮食中要注意粗细粮搭配,经常吃一些粗粮、杂粮等。

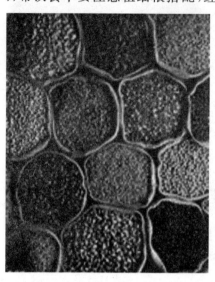

第二类为动物性食物。包括肉类、禽类、蛋类、鱼类、乳类等。主要提供蛋白质、脂肪、无机盐、维生素 A 和维生素 B。肉类食物中的脂肪以饱和脂肪酸为主,钙含量较低,铁的存在形式主要是血红素铁,容易被人体吸收、利用。肉类所含维生素较少,但肝胆却是多种维生素的丰富来源,如维生素 A、维生素 B、叶酸等。随着经济的发展,生活水平的提高,部分大城市学生食用动物性食物过多,吃谷类和蔬菜不足,对健康不利。肥肉和荤油为高热能和高脂肪食物,摄入过多往往会引起肥胖,并且是引起某些慢性病的危险因素,不应多吃。多食鸡、鱼、兔、牛肉等动物性食物,而适当减少猪肉的消费比例。鱼类的脂肪多由不饱和脂肪酸组成,有降低血脂和防止血栓形成的作用。鱼类中含的钙高于肉类,是钙的良好来源,虾皮中钙的含量也很高。

　　另外,海产品中还含有丰富的碘。海产鱼类的肝脏中含有丰富的维生素 A 和维生素 D。蛋类中含有丰富的蛋白质,全蛋的蛋白质几乎能被人体完全吸收,是食物中最理想的优质蛋白质。蛋黄比蛋清含有较多的营养成分,钙、磷和铁等无机盐多集中在蛋黄中,还含有较多的维生素 A、维生素 D、维生素 B_1、维生素 B_2、维生素 B_{12},除此之外,蛋黄中还含有较高的胆固醇,胆固醇是合成雄性激素的重要原料,适量食用鸡蛋对中学男生的生长发育有特殊意义。乳类中的蛋白质消化吸收率和利用率都高,是优质的蛋白质。乳类富含钙、磷、钾,其中钙的含量特别丰富,但铁的含量却很少,维生素 D 的含量也不高。中学生处于生长发育的关键时期,人体的骨骼也是在这个时期发育成熟的,因此这个时期对钙的需要量明显增加,如果钙摄入不足或缺乏,不仅会影响中学生骨骼和牙齿的正常发育,还会增加年老时发生骨质疏松症的危险性。奶和奶制品中含有丰富的钙,并且容易被人体所吸收、利用,是钙最好、最经济的来源。为了孩子的健康,要让他们养成喝奶的习惯,每天至少半斤奶。贫困地区乳类不足时,应保证每个学生每天喝一杯豆浆,也可以在一定程度上起到补钙的作用。

　　第三类为大豆及大豆制品。主要提供蛋白质、脂肪、无机盐和维生素 B。大豆类含有丰富的蛋白质，含量高达 $35\%\sim40\%$，大豆蛋白质是最好的植物性优质蛋白质，含有丰富的赖氨酸。大豆中也含有较高的脂肪，主要是不饱和脂肪酸。糖类含量较少。大豆中钙和维生素 B_1、维生素 B_2 的含量也较高。常吃的大豆制品有豆腐、豆浆和豆芽。

　　第四类为蔬菜、水果。主要提供无机盐、维生素C、胡萝卜素和膳食纤维。蔬菜和水果中含有多种营养物质,蛋白质、脂肪的含量很低,含有一定量的糖类,而无机盐包括钙、钾、钠、镁。蔬菜、水果还可以增进食欲、促进消化,是膳食纤维的重要来源,对保护心血管健康、增强抗病能力、减少学生发生干眼病的危险及预防某些肿瘤等有十分重要的作用。对维持机体的酸碱平衡也很重要。

第五类为纯热能食物。包括动植物油脂,各种食用糖和酒类,主要提供热能。植物油还可以提供维生素 E 和必需脂肪酸。

这五类食物均应合理搭配,注意各种食物的营养特点,如粗细粮搭配可使粮食中的蛋白质互补,提高营养价值;荤素搭配也有利于蛋白质互补。而且食物的营养价值并不是总与价格平行的,有些便宜的食物营养价值是很高的,如胡萝卜、大豆等。

　　由于各种食物的营养成分与生理功能不尽相同,因此不能长期单吃一类或一种食物。在制作时最好把几种不同的含蛋白食物按比例混合在一起,取长补短,以提高蛋白质的利用率。

　　在烹调时要注意避免营养素的流失,做米饭时尽量减少淘洗米的次数,不丢弃米汤;煮稀饭不加碱;做面食时尽量不用油炸,以免大量维生素被破坏;蔬菜尽可能新鲜,先洗后切,不挤菜汁,大火快炒等,这些都能减少营养素的损失。

　　还要注意饮食的季节性,通常夏季饮食宜清淡,适当配以酸辛味的调味品以增加食欲,如麻酱蒜泥拌黄瓜、糖拌番茄、葱花姜末粉皮、虾皮冬瓜汤、紫菜毛豆汤、雪菜肉丝汤、海带莲藕排骨汤等。同时,要注意饮食的清洁卫生,防止食物中毒。冬季机体需要热能多,食用荤菜或油脂较多的食物以补充热能,提高耐寒能力。同时,要注意补充富含维生素 A、维生素 B_2、维生素 C 的新鲜绿叶蔬菜、水果及奶、肝、蛋类食品。每餐都要吃饱,必要时补充某些维生素,有助于提高耐寒能力和预防维生素缺乏症。色、香、味俱全的食品能刺激机体分泌消化液,增进食欲。每日每餐不断变换主副食品的品种、数量和烹调的方法,可使食物的感官性状不断变化,对人体形成新的刺激,使大脑的饮食中枢处于兴奋状态,能促进食欲、帮助消化。

　　总之,要使饮食多样化,根据季节和食品供应情况进行主副食搭配,粗细粮搭配,荤素搭配,干稀搭配,多提供乳类和豆制品。含蛋白质和脂肪丰富的食物,如肉、鱼、蛋、豆制品等,应安排在早餐和午餐,晚餐配以蔬菜和谷类食物。

第二节　合理安排三餐

（一）早餐

　　一顿营养丰富的早餐可以提供身体上午所需要的热能和营养素,吃好早餐对学生的身体健康和学习非常重要。

　　首先,大脑工作的热能来自血糖,不吃早餐或早餐中的热能不足,血糖的浓度就低,大脑细胞得不到充足的血糖供应,就会降低学习效率,从而影响学习成绩。不吃早餐和早餐质量不好的学生,上午第一二节课就会出现精力不集中、疲劳、思考问题不积极,第三四节课时上述现象更明显,因此全天热能和营养素摄入不足,严重时导致营养缺乏症,如营养不良、缺铁性贫血等。再者,经常不吃早餐,影响消化系统的功能,容易诱发胃炎、胆结石等消化系统疾病。

　　所以,经常不吃早餐不仅影响学习成绩,而且对健康会产生一系列

的危害。早餐不仅要热能充足,还要有足够的蛋白质。通常早餐除应食用一定量的馒头、面包、蛋糕、包子等,最好能吃 50～100 克的荤食,如 1 个鸡蛋、1 杯牛奶、肉松、火腿、午餐肉等。要尽量做到色美、味鲜,以唤起孩子的食欲,使其逐步养成吃早餐的习惯。必须重视早餐,早睡早起,以便有足够的时间准备早餐和进餐。早餐的热能分配以占全天热能的 25％～30％为宜。

(二)午餐

午餐是一日膳食中最重要的一餐,它既要补充学生上午的热能消耗及各种营养素的流失,还要为下午的学习和活动储备热能,更要满足学生生长发育的需要。

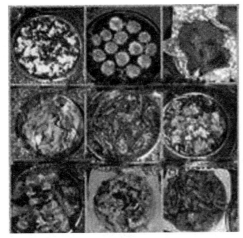

质量好的午餐,对提高中学生身体素质有很大的作用。午餐的热能摄入量应占全天总热能摄入量的 35％～40％,中学生午餐各类食物应包括:粮食类 100～200 克;动物性食物 50～75 克;牛奶 100～125 克;大豆及其制品 20～30 克;蔬菜 200 克;植物油 5～7 克。此外,在配餐时还应讲究质量,要少吃动物油,多吃植物油。应减少脂肪摄入量并控制饮食中的糖类含量,以预防肥胖症、糖尿病及心血管疾病的发生。目前这些病不仅发生于中老年人,青少年也可发生。据调查,由于各种原因,只靠家庭饮食,一般不易达到中学生生长发育所需要的热能和维生素的供应标准。

日本、美国多年来推行的学校午餐制的经验表明,发展中小学校午餐制是解决中小学生营养问题的重要措施。午餐品种有肉、水产品、蔬菜、水果、米饭、面包、牛奶等,每餐都保证有 200 克牛奶。推广学校营养午餐可以保证中小学生均衡、全面的营养供给,改善他们的健康状况;纠正他们的不良习惯,培养良好的饮食和卫生习惯;培养学生的集体主义感,增强其生活自理能力。我国的学校午餐起步晚,还没有形成像美国、日本等国家那样一套完整的生产、供应体系,但是在实行了学校午餐的部分地区,已收到了很好的效果。

　　(三)晚餐的原则是"少而清淡"

　　从营养学的角度,晚餐不应吃得过饱,不应油腻,否则会影响睡眠,晚餐不宜吃得过晚,因为晚上吃的食物还没有来得及消化、吸收,便卧床休息,会对孩子夜间的睡眠不利,影响第二天上课时的精神状态。晚饭吃得过晚,还会影响第二天早餐的食量,更重要的是,晚饭吃得过晚,可引起尿路结石。晚餐在三餐热能分配中约占 30%。

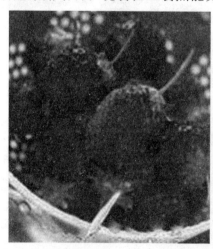

　　三餐对于正在生长发育期的中学生来说是非常重要的。早餐不仅要吃,而且要吃好,应多吃含水分多的食物,如牛奶、豆浆或蔬菜、鲜果汁等。中学生正处在生长发育期,午餐应品种多、营养质量高、营养素均衡。晚餐不宜吃得太多。三餐的合理配比是中学生健康的前提。

第三节 养成良好的饮食习惯

（一）不偏食、不挑食

偏食对中学生的生长和智力发育是十分不利的。自然界中各种食物的营养成分与生理功能不尽相同，各类食物各有特点，任何一种食物不能代替其他食物，因此不能偏食一种食物。长期不吃肉食者，优质蛋白质摄入减少，长期食荤菜者又会导致热能过剩及维生素、无机盐缺乏，易发生动脉粥样硬化。洋快餐主要以高脂肪食物为主，而蔬菜等含膳食纤维的食物较少，不宜经常吃。

（二）不吃零食

平时爱吃零食的学生没有正常的饮食规律，消化系统没有建立定时进食的条件反射，胃肠得不到充分休息，可引起食欲减退，影响正常进食。

（三）不过分节食

不少女学生过分追求体形美,节食减肥,控制正常三餐的进食量,久而久之,各种营养素摄入明显缺乏,机体的免疫功能、神经体液调节功能均受到影响。因为盲目节食而造成营养不良的女生还可出现闭经。

（四）不暴饮暴食

进食缺乏节制,不但可引起胃肠功能紊乱,还可诱发某些疾病,如急性胃扩张、胃下垂等。油腻食物则使胆汁和胰液大量分泌,有可能发生胆管疾病或胰腺炎。

（五）不快食

进餐时不细嚼慢咽,不仅加重胃的负担,容易发生胃炎、溃疡病等,还会导致食物消化吸收不全,从而造成各种营养素的丢失。

（六）不食烫食

吞食过热的饮食，不仅容易烫伤舌头、口腔黏膜和食管，对牙齿的正常生长发育也会造成损害。食管受到热食物伤害，残留下的瘢痕和炎症会影响营养素的吸收，并可诱发食管癌。

（七）不食咸食

每天食盐摄入量超过正常限量时，会使血液循环增加而造成心、肾负担加重，也是导致高血压病的原因之一。

第四节　复习考试期间的饮食安排

在大脑高级神经系统紧张活动的条件下,糖类,脂类,维生素 A、B、C 的代谢活动加强,但热能消耗不增加或稍微增加。因此,学生在复习期间的饮食,应增加蔬菜、水果、动物性食物和豆制品,减少纯糖和纯油脂性食物,摄入足够的蛋白质,主要是优质蛋白质、维生素和铁质。一般提倡在考试期间选择牛奶、鱼肉、蛋类、瘦肉、肝或大豆制品等富含蛋白质的食物,特别要保证绿叶蔬菜的供给,多吃水果。奶制品和蔬菜中,钙和磷的含量丰富,而含磷食物对中枢神经系统有良好作用,最适合于紧张脑力活动的需要。神经生理学家认为,从事紧张脑力活动的人,应多吃鱼、肉食品以及香蕉和其他新鲜水果,以保证脑力活动时获得特殊的营养。学生在学习紧张时,往往会出现食欲下降,尤其在气温很高时,大量出汗,夜间休息不好,更容易出现吃不下饭的现象。此时,家长应选择富有营养、平时孩子又喜欢吃的食物,以增进食欲;并要注意食用清淡、不过分油腻且易消化的食物,多吃新鲜蔬菜及水果。同时,还应督促学生在备考和考试期间严格遵守作息时间,以保证充足睡眠,进而有利于临场发挥。

第五节　良好的卫生习惯

一、科学刷牙

口腔是一个极为复杂的环境,生长着多种细菌。人健康的时候,这些细菌互相拮抗,相安无事。然而,当人患病或长期用药时,口腔的一些细菌受抑制,另一些原先与之拮抗的细菌就有可能繁殖、增多,引起疾病。所以,每天早晚刷牙,是中学生应该养成的良好习惯,而刷牙也是保持口腔健康最有效的方法,尤其在睡前更是不可忽视或遗忘。

与口腔卫生有关的疾病主要有龋齿、牙龈炎和牙周炎。龋齿是中学生口腔的常见疾病、多发病。甜食中的糖分产生酸性物质腐蚀牙齿是导致龋齿的主要原因。一份甜食分多次去吃,比一次吃完的危害要大得多。

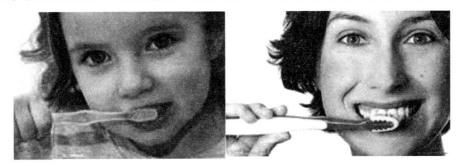

因此,不要经常吃甜食,睡觉前一定不要吃点心或糖果。每次吃食物后要马上刷牙或漱口。预防龋齿的发生,掌握正确的刷牙方法很重要。另外,使用含氟牙膏刷牙,对预防龋齿也有一定的作用。

(一)正确的刷牙方法

1. 生理刷牙

将牙刷的刷毛与牙面接触,刷毛顶端指向牙冠方向,然后,沿着牙面向牙龈轻微拂刷,类似咀嚼纤维性食物对牙面的摩擦动作。这种方法能清洁牙面和刺激牙龈组织的血液循环,增进牙周组织健康。

2. 比斯刷牙法

刷洗牙的唇、舌面时,牙刷的刷毛与牙面呈 45 度角,刷毛指向牙龈方向,使刷毛进入龈沟和邻间区、部分刷毛压于龈缘上,进行前后向短距离来回颤动。这种方法由于清洁能力较强,克服了拉锯式的横刷法的缺点,而变为短横刷,能有效地除去牙颈部及龈沟内的菌斑,按摩牙龈,还可避免造成牙颈部楔状缺损及牙龈萎缩。

3. 垂直颤动法

可将牙刷的刷毛与牙的长轴平行,紧贴牙面,刷毛指向牙龈方向,尖端轻压在龈缘处,用柔和的拂刷动作旋转牙刷使刷毛与长轴成 45 度角,由牙龈刷向切端或咬合面。拂刷动作要慢一些,使刷毛尖通过牙龈与牙齿交界处时,能将污物除去。为适应牙的形态,前牙舌侧应将牙刷垂直,将刷毛的尖端与舌面接触,从龈缘面向切端做弧形的移动,牙齿的咬合面则可将刷毛的尖端直接与之接触,进行前后来回拉动。这是一种顺着牙间隙上下垂直颤动拂刷的比较符合口腔保健要求的刷牙方法,它既能达到去污物及按摩牙龈的目的,又能避免损伤牙体和牙周组织,因而应该广泛推广。

4. 旋转式刷牙法

第一步,从牙龈往牙冠方向旋转刷。刷前牙唇面、后牙舌腭面时,牙刷的刷毛与牙面呈 45 度角。第二步,将牙刷朝牙冠做小环形旋转运动。第三步,顺牙缝刷洗,即可将各个牙面刷干净。刷前牙舌腭面时,牙刷毛束尖直接放在牙齿的舌腭,上牙向下拉,下牙向上提,刷后牙咬合面时将牙刷的刷毛放在咬合面上,前后来回刷。

(二)刷牙的时间和力度

每次刷牙时间两分钟,刷牙时间长、力度大有害无益。有人为了把牙齿刷得更干净,有意延长刷牙时间,加大刷牙的力度,不仅对牙齿没有好处,反而会损伤牙齿,严重的还破坏了牙齿上的保护膜。科学的刷牙时间应该是两分钟,用力大小大约相当于一个橙子的重量,这是调查人员经过科学测试得出的结果。

在这项测试中,调查人员详细记录了刷牙前后的除垢情况,结果显示,牙齿的污垢会随着时间和力度的逐渐增加而减少,可是,当刷牙时间超过两分钟,刷牙似乎就已经丧失了它应有的功效,污垢不再减少。因此,掌握科学的刷牙时间和力度是很重要的。

如果无法确定刷牙的正确方式,也不能敷衍了事,应主动向牙科医生咨询。对很多人来说,刷牙力度始终都是一个不好把握的问题,因为有的时候尽管使用力度不大,但由于刷牙面积小,结果单位面积的牙齿上承受的压力反而更大,这样牙齿就在不知不觉中受到了损害。

要养成早晚各刷牙一次的习惯。另外,在每次饭后,尤其是吃了甜食之后,也应漱漱口、刷刷牙,把食物的残屑漱洗掉。同时要改变一些坏习惯,像咬笔头、啃指甲、咬唇、咬舌、趴着睡觉、张口呼吸等,这些都会造成牙齿排列错乱,增加龋齿的发生。平时尽量不剔牙,非剔不可时,注意不要用坚硬的针剔,用牙签轻轻顺着牙缝剔除嵌塞食物。不要用牙咬铁丝、核桃、棍棒或饮料瓶盖等,千万不要把牙当老虎钳或瓶起子。

(三)牙膏的选择与牙刷的使用

1. 牙膏的选择

选购牙膏时,最好能针对自己的情况选择,比如容易上火的人可选用有清热祛火功能的牙膏;有蛀牙者选择含氟、超氟配方的;有过敏性牙齿者可选抗过敏牙膏。若你的情况较为特殊,则应该请教牙科医师,然后选择你喜欢的香型并且观察牙膏膏体是否结实、洁白,有没有杂质。最后,尽量挑选品质有保证的知名品牌。牙膏的用量约占二分之一牙刷刷面的长度就足够了。

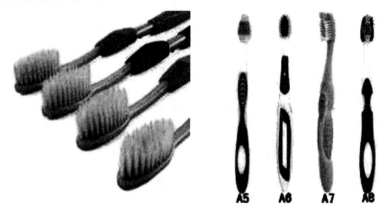

使用药物牙膏可以使一些牙病得到治疗。但是,若不对症选用药物牙膏,不仅不能达到预期的目的,而且还会有副作用。药物牙膏虽对口腔疾病有疗效,但并不能包治所有的口腔疾病。如果长期使用抗菌消炎类药物牙膏,会在杀灭细菌的同时,将口腔中的正常细菌也杀灭了,使口腔产生新的疾患;许多药物牙膏含有生物碱和刺激性物质,长期使用会损害口腔黏膜,使口腔、牙龈、舌头、口唇、咽喉等处发炎;有些带有苦辣味的药物牙膏长期使用会使人胃肠不适;有些药物牙膏含有一定量的色素,长期使用可使牙齿失去光泽。因而要经常换用不同品牌的牙膏。

2. 牙刷的使用

牙刷头大小要适当,牙刷毛最好由优质的尼龙丝制作,可以防止细菌积存,同时要经过磨毛处理,避免参差不齐的刷毛对牙龈组织的损伤,牙刷柄的长短也要适当,便于把握。牙刷是直接接触到我们牙齿表面的工具,所以保持它的清洁对我们的健康是很重要的。正确使用牙刷的方法有:

(1)每次用完牙刷要彻底洗涤,并将水分尽量甩去,将牙刷头朝上放在漱口杯里,放在通风有日光的地方,使它干燥而杀菌。通常一般人都是把牙刷放在浴室里,长期处于潮湿状态中,刷毛的间隙容易成为细菌和病毒居留及滋生的温床。因此,为了避免感染疾病或影响健康,最好还是改变一下家中牙刷放置的位置,保持它的通风干燥。

(2)如果条件许可,可同时购买2~3只牙刷轮换使用,使牙刷的干燥时间延长。这样做对患有牙龈炎和牙周炎的人来说尤其重要。另外,轮换使用也能保持牙刷刷毛的弹性。

(3)刷毛已散开或卷曲、失去弹性的旧牙刷,必须及时更换,否则对牙齿和牙龈不利。

(4)集体生活的学生,每周应将牙刷集中进行一次彻底的清洗消毒。

(5)牙刷不能合用,以防相互传染疾病。

(6)如果患过感冒,则在身体痊愈之后要将牙刷用消毒液浸泡消毒后再使用,或者是更换一只新牙刷再使用比较好。

另外,应该注意的是饭后最好不刷牙。不少人有饭后刷牙的习惯,口腔专家最新研究认为,饭后立即刷牙有害牙齿健康。在牙冠的表面有一层珐琅质,刚吃过饭后,尤其是食用了酸性食物后珐琅质会变松软,这个时候刷牙,势必造成珐琅质的流失。时间一长,牙齿的珐琅质逐渐减少,容易患牙本质过敏症,吃东西时牙齿就会出现酸、痛症状。因此,专家提醒进食后最好先用清水漱口,待1~2小时后再刷牙。

(四)牙齿健康十大要素

1. 口腔健康标准是牙齿清洁、无龋洞、无疼痛感、牙龈颜色正常、无出血。保护牙齿健康,最基本、最经济的方法是有效刷牙,以去除食物残渣和牙面菌斑,按摩牙龈。

2. 正确的刷牙方法是竖刷法或拂刷法。拂刷法是指牙刷与牙面呈45度角,小幅度水平颤动和旋转。

3. 每天刷两次牙,每个牙刷三个面,每次持续两分钟。

4. 选用磨毛保健牙刷和含氟的牙膏。

5. 牙刷必须做到每人一只,刷后用清水多冲洗几次,甩干水分。

6. 每个月换一次牙刷较好,最多不超过三个月。

7. 刷牙以温水为佳,水温以 35～37℃ 为宜。

8. 牙刷刷不到处可合理使用牙线、牙签或间隙刷,以去除细菌和食物残渣。

9. 均衡地摄取食物,保护牙齿健康。

10. 提倡每半年定期进行一次口腔检查,做到没病防病,有病早治。

在日常生活中,同学们一定要爱护牙齿,时时注意口腔健康,才能拥有好的身体,轻松面对生活!

二、定期洗澡

(一)洗澡的清洁护肤作用

洗澡可去掉皮肤的污垢。皮肤是人体的一道天然屏障,它可以保护人体不受外来不利因素的侵袭,还有调节体温、感受刺激、排泄废物等作用。人体皮肤上有几百万个汗毛孔,一般每人每天约排汗 1000 毫升。人体内的 400 多种代谢产物中,有 150 种可以随汗液排出。实际上,人体每时每刻都在出汗,只是有时因为出汗量少,我们感觉不到而已,称之为无感性出汗。而且人的皮脂腺每周约分泌出半液体状油脂 200 克,排汗能散热,分泌油脂能润泽并保护皮肤和毛发。但如果油渍和油垢积留过多,就会发出酸臭气味,还会堵塞皮肤上的汗腺孔和皮质腺孔,使汗液排出不畅,容易引起皮肤瘙痒,继而用手去抓挠而感染病菌,以致发生皮肤病。尤其在夏天,皮肤裸露,极易变脏,如不注意卫生,灰尘污垢极易堵塞毛孔,影响汗液排泄,不仅容易引起炎症,而且会导致汗管破裂,形成痱子。如细菌侵入发生感染,还会变成痱毒或疖、痈。

经常洗澡,保持皮肤清洁,能清除汗液,有效地调节体温;洗澡能使皮肤和肌肉加热,促进血液加快,清除乳酸等致疲劳物质;洗澡可使肌肉放松,减少肌肉僵硬和疼痛现象;洗澡还能清除皮肤分泌的油脂,以免堵塞毛孔或引起细菌感染。每洗一次澡,可以从皮肤上清除10亿多个细菌,所残留的少数细菌在干净皮肤上也多会很快死亡。所以应经常洗澡去掉汗渍油脂,避免细菌繁殖,防止发生皮肤病。

(二)掌握正确的洗澡方法

中学生要洗温水澡,特别是女生,最好的方法是沐浴,水温在25～35℃。用温水洗澡,能去除汗渍油垢,使皮肤清洁,毛孔通畅。而且适宜的水温和冲洗时的水压以及擦搓时的机械按摩作用,加上水中某些矿物质和离子的特殊作用,使得神经系统兴奋性降低,皮肤血管扩张,从而促进血液循环和皮肤的排泄功能,改善皮肤肌肉组织的营养,降低肌肉张力,起到消除疲劳、改善睡眠的作用。

用 40℃ 以上的热水洗澡,会加重心脏的负担,由于汗液大量排出,体内盐分损失较多,洗澡后往往易发生虚脱现象,甚至晕倒。所以,不要用过热的水洗澡。

洗澡应配以浴液,因为浴液酸碱度适中,对皮肤刺激性小,且含有硼酸、煤酚皂等抑菌消炎物质;同时可使皮肤润滑细腻,弹性良好。洗澡时尽量少用碱性大的肥皂,以免改变皮肤上有杀菌作用的酸性环境,引起细菌繁殖,只要皮肤上没有太多的油脂,不宜更多更久地用毛巾在皮肤上一遍一遍地使劲搓洗。这样做会损伤皮肤,降低皮肤的抵抗力,给细菌入侵造成机会,引起一些皮肤病。况且皮肤表面的皮脂起着保护身体免遭病原微生物侵袭的作用,每次洗澡都把皮脂洗得干干净净,并没有多大好处。

在可能的体质条件下,可锻炼水温在 20℃ 以下的冷水洗浴,这对增强体质,特别是增强神经功能和防治疾病都有良好的作用。但洗冷水浴要慢慢练习,每次时间不宜过长,以防感冒。

(三)洗澡的注意事项

饱餐后立即洗澡,浑身大汗立即洗冷水浴,或洗澡后马上睡觉,都不符合人体生理卫生功能,应当避免。

1. 不良反应及处置

虽然洗澡是一件十分舒服的事,它可以消除疲劳、增进健康。但是,有的人在洗澡时常会出现心慌、头晕、四肢乏力等现象。严重时会跌倒在浴室,造成外伤。这种现象也叫晕塘,晕塘者多有贫血症状,是洗澡时水蒸气使皮肤毛细血管扩张,较多血液流到皮肤,影响全身血液循环引起的。也可因洗澡前数小时未进餐,致血糖过低引起。

出现不良反应处置如下:

(1)不必惊慌,只要立即离开浴室躺下,并喝一杯热水慢慢就会恢复正常。

(2)如果较重,也要放松休息,取平卧位,最好用身边可取到的书、衣服等把腿垫高。待稍微好一点儿后,应把窗户打开通风,用凉毛巾擦身体,从头、面部擦到脚趾,然后穿上衣服,头向窗口,就会恢复。

2. 不良反应的预防

(1)为防止洗澡时出现不适,应缩短洗澡时间。另外,洗澡前喝一杯温热的糖水。

(2)平时注意锻炼身体,增强体质,稳定机体神经调节功能。

(3)为了预防洗澡时突然昏倒,浴室内要安装换气扇,从而保持室内空气新鲜。

(4)洗澡时禁止打闹,洗完之后立即离开浴室。

3. 中学生洗澡禁忌

(1)发热、呕吐、频繁腹泻时不能洗澡,因为洗澡后全身毛细血管扩张,易致急性脑缺血、缺氧而发生虚脱或休克。

(2)发热经过治疗退热后不到 48 小时以上者,不宜洗澡。因为发热致身体抵抗力下降,洗澡很容易导致再次外感风寒而发热。

(3)若发生烧伤、烫伤、外伤,或有脓疱疮、荨麻疹、水痘、麻疹等症者不宜洗澡。因为身体的局部已经有不同程度的破损、炎症和水肿,洗澡会进一步损伤皮肤引起感染。

总之,勤洗澡可以增强皮肤乃至全身的抵抗力,有利于身体健康,中学生应养成勤洗澡的好习惯。

第六节　合理膳食与充足睡眠

(一)合理膳食

目前,中学生在膳食上存在着以下几个严重的问题:一是不吃早餐;二是吃饭不定时;三是偏食;四是看菜吃饭,营养摄入不足。这些问题,严重影响着中学生的生长发育和身心健康。

中学生做到合理膳食应遵照专家的提醒:

1. 充分认识营养素在机体中的作用。食物营养素包括七大类,不同的营养素在人体内发挥着各种不同的生理作用,以维持人的生命和人体各种功能的正常运行。

2. 平衡膳食。每天的膳食应注意多样化,适当搭配食物的品种和数量,例如,在每天的菜单中不妨做到蔬菜、豆类和荤菜调剂着吃。既然各种食物中所含的营养素各不相同,那么花色品种越多,就越能使我们获得各种营养素,以满足生长发育和保持健康的广泛需要。水果对于维生素的补充也有重要的意义。

3. 建立合理的膳食制度。合理的膳食制度可防止过饥或过饱,使肠胃保持正常功能,促进营养素的吸收利用。

（1）吃饭要定时：肠胃具有储存、机械性消化和化学性消化三种功能，食物需要在胃部停留一段时间才能被充分消化。所以，两餐之间相隔以 4～5 个小时为宜。科学家研究发现，一日两餐者，蛋白质消化率只有 75%；一日三餐者，蛋白质消化率可提高到 85%。

（2）吃饭要定量：有些人没有定量进食的习惯，可口多吃，不可口少吃，以致饥饱不均，由于食物消化这个复杂的生化过程，要在胃肠中通过大量消化液的作用才能完成。胃液中主要含胃蛋白酶和盐酸，除促进蛋白质消化外，还有消毒杀菌作用。在小肠中含有大量的胰液、胆汁和小肠液。胰液中的蛋白酶、脂肪酶、核酸酶、蔗糖酶、乳糖酶等，可以促使蛋白质、脂肪和糖类的消化。胆汁中的胆盐和胆酸，可以乳化脂肪，促进脂肪吸收。小肠液中的肠激酶、肠肽酶、麦芽糖酶、乳糖酶等消化液是持续规律分泌的。所以，进食要定量。

（3）不暴饮暴食：有些人逢年过节喜欢聚众暴饮暴食，这样做的危害极大。暴饮暴食，会在短时间内使大量食物进入胃肠使胃肠负担过重，造成消化不良。暴饮暴食，还可能使未经充分消化的食物在胃肠中停留时间长，食物在肠腔中细菌的作用下会发酵、腐败，产生毒素，刺激胃肠黏膜，毒害肝、肾等器官。暴饮暴食，又会使血液过多集中于肠胃，造成心脏等重要器官缺血，导致困倦，工作能力低下，冠心病患者则容易引起心绞痛发作。暴饮暴食，会使人未老先衰，折损寿命，诱发胆石症、胆囊炎、糖尿病等，对脑力劳动者危害更大。

4. 注意早餐质量。不吃早餐或早餐吃不好，不但会影响上午听课的效果，时间长了还会影响青春期发育。含蛋白质和脂肪多的食物，不仅营养价值高，而且在胃中停留的时间也长，比较耐饥饿。因此，早餐中应适当增加牛奶、豆浆、鸡蛋等食物。

5. 对女孩温馨提示。

（1）青春期的女生更应注意青春期营养：青春期的营养状况影响着少女的身心发育。热能来源于食物中摄取的糖类、蛋白质和脂肪，少女应以优质蛋白为主。还应注意维生素和无机盐的摄入,除动物食品外,还要多吃蔬菜和水果。初潮后少女容易患缺铁性贫血,应注意适当多食动物肝脏及其他富含铁质的食物,以满足身体对铁的需要。

(2)女生青春前期对饮食的营养要求:青春前期宜选用促进红细胞生长、增强身体免疫力、打好强健身体基础的食物,如猪肝、红枣、蛋类、海带、豆类、糙米等。

(二)充足睡眠

与所有动物一样,睡眠是人最基本的生理需求,人的一生有将近三分之一的时间用在睡眠上,可见睡眠对我们多么重要。正因如此,有人说睡眠是利用一天三分之一的时间修补身心的活动。

人在进入睡眠时,全身肌肉都呈现放松状态,有些行为与生理状态会随之改变。睡眠时体温下降,生长激素会上升,糖皮质激素等内分泌激素也会降低。一旦睡眠出现问题,这些内分泌激素会发生改变,对身体带来不同程度的影响。同样,当体内内分泌激素发生改变时,也会对睡眠造成影响。一般在熟睡时会出现血流缓慢、呼吸减缓、肌肉松弛、无意识身体转动等现象。

日出而作,日落而息。在固定的时间睡眠,在固定的时间醒来,这就是人类生理时钟的一部分。对于中学生来说,保持规则睡眠,是维持生命、保持健康、提高学习效率的必要条件。

1. 睡眠的作用。

(1)消除疲劳,恢复体力。

(2)保护大脑,恢复精力。睡眠不足,表现为烦躁、容易激动、精神萎靡、注意力涣散、记忆力减退等。睡眠充足则精力充沛,思维敏捷,学习效率高。

(3)增强机体免疫力。人体在正常情况下,能对侵入的各种抗原物质产生抗体,并通过免疫反应清除毒素,保护人体健康。睡眠能增强机体产生抗体的能力,从而增强机体的抵抗力。同时,睡眠还可以使各种组织器官自我康复加快。

(4)促进生长发育。

(5)有利于皮肤美容。

2. 保证睡眠时间。睡眠时间随着年龄的增长而变化。

一般来说,年龄越小,睡眠时间越长。2 个月的婴儿需要睡 18~20 个小时;1 岁幼儿需要睡 15 个小时;8~12 岁儿童需要睡 10 个小时;12~18 岁的青少年需要睡 9 个小时;成年人一般每天需要 7~8 小时的睡眠,不宜少于 6 小时。由此可知,中学生每天应保证 9 个小时的睡眠。

目前,许多中学要求学生晚上 10 点睡觉,次日 6 点起床,中午午休一个小时,是有科学根据的。

3. 养成良好的睡眠习惯。良好的睡眠,可使你第二天精力充沛。

(1)早睡早起。早晨醒来不恋床。

(2)卧室内光线要暗,温度、湿度要适宜,保持室内安静和空气流通。

(3)睡前不要与人说话,不喝刺激性饮料,避免情绪激动。

(4)睡前不要看刺激性的影视节目及文学作品。

(5)睡前应用温水洗浴,尤其要用温水洗脚。

(6)采取正确的卧位,上床后一般采取右侧卧位。不要思考费脑筋的事情。

(7)睡觉时不要蒙头。被褥厚薄要适宜。

(8)内衣不要太紧。内衣太紧会影响血液循环。

第九章　中小学生体育锻炼计划

青春期学生应根据自身身心的发育特点,选择符合自身实际情况的体育锻炼项目,以促进身心素质全面发展。生命在于运动,坚持体育活动,不仅可以增进健康,而且可以预防疾病。对于学习压力日趋加重的现代的中小学生来说,适当地进行身体锻炼是有好处的。不仅可以提高运动素质,还可以做到劳逸结合,使智力水平得到充分的发挥。

一、制订锻炼计划与运动处方的意义和作用

锻炼计划和运动处方能保证身体锻炼有目的、有计划、有步骤。

锻炼要有针对性地进行,克服盲目性和随意性,以便更充分地利用时间,选择科学有效的方法,取得预期效果。体育锻炼要注意系统性,要从简单到复杂,逐渐加大运动负荷,从低到高、有层次、有系统地进行。锻炼计划和运动处方恰恰能起到这种作用。

中学生随着年龄的增长和对体育理解的加深,逐步从单纯追求兴趣,向追求锻炼的实效性和社会价值转化。因此,制订锻炼计划与运动处方,对于结合自身特点,合理安排锻炼内容具有指导作用。

二、制订锻炼计划和运动处方的步骤和方法

1. 制订锻炼计划与运动处方的步骤

(1)制订前要对自己的体能、健康状况、各项素质进行检查与预测。

(2)根据检查与测试结果确定锻炼计划或运动处方。

(3)按锻炼计划或运动处方积极锻炼。

(4)对锻炼的过程进行评价。

(5)适当修订锻炼计划与运动处方。

(6)按修订后的内容进行锻炼。

（7）经过一定的时间或一个学期、一个学年以后再进行评价,检查锻炼效果。

2. 制订锻炼计划与运动处方的方法

（1）划分锻炼阶段。通常以一个学期为一个阶段或者以月份为单位,把一个学期划分为几个阶段。

（2）确定每个阶段的锻炼任务、重点和指标。

（3）确定每周练习的次数和时间。

（4）确定每周练习负荷的节奏。

（5）确定每次练习的内容。

3. 锻炼计划和运动处方的格式与内容

（1）条目式。按纲目的形式,列出锻炼内容。

（2）表格式。将锻炼内容填入事先设计好的表格内。

无论采用哪种形式,都应包括锻炼内容、日期、时间和预计运动负荷几项。

锻炼内容是指练习的名称、距离、速度、数量、重量、次数、间歇时间、练习方法等。

锻炼日期要注明某年某月某日。

锻炼时间是指开始和结束的时间。

4. 制订锻炼计划与运动处方须注意的问题

（1）锻炼计划与运动处方制订得要全面。

（2）要从个人的实际出发,有针对性。

（3）要循序渐进。

（4）要有合理的运动负荷。

（5）要留有余地。

锻炼计划与运动处方示例：

现以男同学张××为例,说明制订锻炼计划与运动处方的方法。

1.张××到校医室进行身体检查,检查结果无任何疾病。通过对身体素质进行实际测验,结果如下:

100 米跑 15 秒,立定跳远 1.80 米,纵跳摸高 0.30 米,引体向上 3 次。从测验成绩可以看出张××速度素质不高,弹跳力较差,上肢力量较弱。

2.根据张××的体能,确定以学期为一个锻炼阶段,本学年共两个阶段。第一阶段以发展下肢力量为主,发展上肢力量和速度为辅,预期指标:100 米跑 14 秒 8,立定跳远 1.90 米,纵跳摸高 0.35 米,引体向上 4 次。第二阶段以发展上肢力量和速度为主,发展下肢力量为辅。预期指标:100 米跑 14 秒 5,立定跳远 1.95 米,纵跳摸高 0.38 米,引体向上 6 次。

3.每周练习 5 次,从周一至周五。因周三、周五有体育课,锻炼的时间为 0.5 小时,其余几天为整小时,锻炼均在下午课后进行。

4.确定周运动负荷。

5.确定锻炼内容。

(1)准备活动:5～8 分钟。慢跑 300～400 米,一般性徒手操 8～10 节;或者自己练习单手投篮。

(2)基本部分:45 分钟(周三、周五为 18～20 分钟,内容适当减少)。30 米加速跑×3;50～60 米的放松整理跑×2;15～20 米后蹬跳×3;双手后抛实心球×5(球重 2 千克);15 米单足跳,最后一步双脚落沙坑,左右脚各 2 次;纵跳(在沙坑内双脚用前脚掌连续向上跳)30 次;手持哑铃屈肘练习,左右手各 20 次(铃重约 1 千克)。

(3)结束活动:7 分钟。坐在垫上,双手抖动大腿肌肉,使其充分松弛;双手按摩并敲打两腿,两臂自然下垂,抖动放松。

(注:基本部分的练习,开始时可用 60%的力量,然后逐渐过渡到用 80%的力量,最后用全力练习;每次练习间歇的时间根据体力恢复情况决定,一般情况下脉搏在每分钟 120 次时进行下次练习效果较好。在练习过程中要随时测量自己的脉搏以控制运动负荷,按照运动负荷的节奏控制好强度。经过一段时间的练习后再修改处方。)

三、合理制订体育锻炼计划

1. 要根据身体水平、年龄特点选择体育锻炼项目

"国家体育锻炼标准"规定了下述五类项目为经济性的体育锻炼项

目，要求从每类项目中各选 1 项参加测验，以达到全面锻炼的目的。

第一类：包括 50 米跑和 100 米跑，主要发展速度素质；

第二类：男子包括 1500 米跑、1000 米跑、1500 米滑冰、200 米游泳，女子包括 800 米跑、1000 米滑冰和 200 米游泳。主要发展耐力素质；

第三类：包括跳远、跳高、立定跳远，主要发展爆发力、灵巧性和柔韧

性等素质以及身体的协调能力；

　　第四类：掷实心球、推铅球；

　　第五类：男子包括引体向上、双杠臂屈伸、屈腿悬垂，女子主要是1分钟仰卧起坐，斜身引体，屈腿悬垂。

　　第四、五两类运动主要发展力量素质，增强肌肉收缩力和神经活动弧度与集中程度。由于身体素质的发展依靠身体发育水平，超越此水平进行锻炼,身体素质水平不仅不能提高,而且易造成损伤,因此利用身体素质快速发展的最佳时期,选择符合自身发育水平的"敏感时期"进行针对性的体育锻炼,其效果才是好的。如身体反应速度发展最快的年龄为 12 岁,协调性、灵敏性、柔韧性、节奏发展最快的年龄为 10~12 岁,速度为 14~16 岁,力量为 13~17 岁,耐力为 16~18 岁。而 12~17 岁为身体素质全面发展时期。

　　因此,在这段快速增长的"敏感时期"内进行相应的符合身体发育水平特点的速度、力量、耐力等项目的锻炼将会收到"事半功倍"的效果。

　　2. 根据个人身体素质和心理特点选择锻炼项目

　　身体特点:体质强壮者可选择田径、球类等运动量较大和较激烈的运动项目,以使体质更强壮。体质较虚弱者可选择慢跑、健身操、乒乓球、太极拳、气功等较小运动量、缓和的运动项目,以逐步提高体质。体型较单薄者可多进行肌肉力量的锻炼和专门的健美锻炼,如俯卧撑、引体向上、举重物、推铅球、仰卧起坐、游泳等;体型较肥胖者可选择慢速跑步、散步、跳绳、打球、游泳等锻炼项目。

　　素质特点:针对自身素质的薄弱环节(如速度、力量等),选择相应的能提高身体素质的体育锻炼项目。常见的提高身体素质的体育锻炼项目有:

　　(1)田径运动

　　包括跑、跳、竞走、投掷等项目,可促进素质的全面发展;短跑、中跑可提高呼吸、循环及中枢神经系统机能及肌肉力量、速度素质;长跑和超长跑能发展耐力素质;跳高、跳远、撑竿跳高等跳跃项目能发展爆发力、速度、灵巧性、柔韧性等素质及身体的协调能力;标枪、铁饼、铅球、手榴弹等投掷项目能发展速度、力量素质,特别是爆发力。

(2)体操

含艺术体操、韵律操、健美操等,可提高神经功能,发展身体协调能力,培养灵敏性、力量、速度素质和掌握复杂的运动技能。

（3）球类运动

包括篮球、排球、乒乓球、羽毛球、水球、冰球等。球类运动能培养和提高人的灵敏性、速度、力量、耐力和辨别反应能力以及身体的各种技能和心理素质水平。

（4）游泳

游泳可提高呼吸机能、体温调节机能、力量素质、速度素质和耐力素质，并可发展脚大肌和腿部肌肉。

（5）武术

武术可发展灵活性、柔韧性、力量、速度、耐力等素质，并可提高肌群的协调性以及大脑神经的强度、均衡性、灵活性，提高循环、呼吸、消化等内脏机能。

虎
形

鹿
形

熊形　猿形　飞鸟形

（6）举重

举重可提高肌肉力量素质,提高神经系统和呼吸、循环系统的功能。

（7）滑雪、滑冰运动

可提高平衡能力、协调能力,增强呼吸、心脏功能,减轻体重。发展灵敏、速度及本体感受器机能。

提高运动的心理素质,要依据自己的心理特点。运动对勇敢、顽强等均具有锻炼作用。

在选择运动项目方面,运动员性格内向者,应选择球类活动以及兴趣性和集体对抗性较强的运动项目,以培养活泼开朗的性格;性格急躁者可选择乒乓球、羽毛球、耐力跑以及钓鱼等,以培养沉着、镇定、坚持和忍耐性;性格胆小、优柔寡断者应进行器械体操、足球、篮球等竞争性、对抗性运动,以培养其勇敢顽强的精神;性格多愁善感、情绪忧郁者应选择较剧烈的体育锻炼项目,如球类、登山、跑步、武术、游泳等,以提高情绪,振奋末梢神经;意志较薄弱者应选择长跑、长距离游泳等运动项目,以锻炼意志。

3.根据因时、因地、因材的原则选择锻炼的项目

因时,即根据自己的生活习惯、起居饮食、睡眠等情况进行体育锻炼项目的选择。如早晨上学前可以做早操、跑跑步。而下午课外活动不宜进行长时间的体育锻炼,田径、体操锻炼时间为 10～30 分钟,傍晚可为 30～60 分钟。

因地,即根据锻炼场地条件等选择锻炼项目。一般早晨做体操、武术及跑、跳等运动。一般场地较小者可进行乒乓球、羽毛球等项目。

因材,即根据锻炼的器械,可进行篮球、排球、足球、长跑等锻炼。

四、几种比较流行的锻炼方法

1.有氧锻炼法,是指锻炼者在锻炼过程中在没有负氧的情况下进行身体锻炼的方法。这种锻炼方法运动负荷适中,可以有效地提高心血管和呼吸机能,促进新陈代谢,并能减少脂肪的积累。如长跑、竞走、游泳、骑自行车、耐力体操及节律操、徒步走等。

2.娱乐消遣法,是指为了寻求生理上的放松,欢度余暇而进行的锻炼方法。这种锻炼方法运动强度不大,令人轻松愉快,具有消除疲劳的特殊功能。这些活动有利于体质较弱者来选择,终身坚持活动能够促进机体的发展,达到增强体质的目的。如散步、旅游、郊游、踏青、登山、日光浴等。

3.保健养生法,是我国古代流传下的很多保健养生法。如气功是中华民族的宝贵遗产,流传至今,深受广大锻炼者的喜爱。这种锻炼方法讲究内外统一,神形兼顾,要求身体的外部活动与内在气血运行一致,使身体与卫生保健结合,达到健身祛病、延年益寿的目的。

五、按照一定的原则和实际科学地锻炼

1.下午课外活动时间的锻炼

根据人体生物钟节律,下午锻炼的最佳时间是5点钟和接近黄昏的时间。此时,绝大多数人体力、动作的灵活性、协调性、准确性以及适应能力均处于最佳状态。而且,人体内的糖分也增至最高峰,进行各种健身运动时,不会产生代谢紊乱和器官机能运转超负荷的现象。

有几个原因可以解释人的体能表现在黄昏或夜晚。例如,有很多训练与体温有紧密联系。体温在黄昏和傍晚时最高(一天中体温通常会在1~2℃范围内不断变化,在凌晨5点达到最低)。既然研究发现这种体能变化极小,除非你是竞技运动员,否则它不会对你产生多大影响。而对于竞技运动员来说,体能的微小变化都会影响是否能达到自己的最佳水平。顺便提一下,当你为竞赛做准备时,专家建议最好训练时间要与比赛时间相同。这可使你的身体节奏更适应这个时间以及环境因素。

2.睡前的身体活动

睡前锻炼也收效甚佳。这是因为,睡前身体活动的作用,能在睡眠全过程中得到维持,尤其是做一些加深呼吸的运动,如活动膈肌。这种运动能使人体整个系统充氧,处于较好充氧状态的人,不仅睡眠好,而且对解除白天疲劳的速度也会大大加快,使身体得以很好的恢复。特别是对失眠的人,睡前锻炼对治愈失眠症很有必要。睡前活动给身体带来的热量排放不仅能调节全身的代谢,而且运动后的良性疲劳会通过一夜的睡眠得到恢复。特别是睡前锻炼后洗个淋浴,将使你非常舒服地进入梦乡,这对有神经衰弱的患者无疑是最好的入睡良方。锻炼项目如散步、做操、仰卧起坐、引体向上、立定跳远、俯卧撑等。

六、把握好运动的强度更有利于自身的锻炼

下面介绍用测量脉搏的方法控制运动强度:

每分钟脉搏在 160 次的锻炼强度大约为 80%;

每分钟脉搏在 140 次的锻炼强度大约为 70%;

每分钟脉搏在 120 次的锻炼强度大约为 60%;

每分钟脉搏在 110 次的锻炼强度大约为 50%。

研究证明,锻炼强度小于 50% 的没有明显的锻炼效果,大于 80% 的属于运动训练的强度。对于一般人来讲,身体锻炼时脉搏控制在每分钟 110~160 次之间为宜。每个人应根据自身的实际情况,选择自己较合适的运动项目和时间,要讲究实效,切实可行。选择身体锻炼的内容时,应随季节的变化做出相应的安排,不必一次确定不再更改,可先初步决定后,试行一段时间,如感到有必要,也可以进行调整或变更,但不宜变更太多。制订出自己的锻炼计划后,就应自觉遵守,持之以恒。

第十章　轻度运动损伤的处理与防治

一、闭合性软组织损伤

急性闭合性软组织损伤是由于某一刻的受力或非生理性运用而导致的局部软组织损伤,皮肤及黏膜保持完整,伤处与外界没有相通。

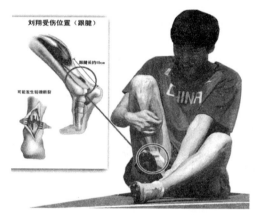

损伤处理原则如下:

早期:伤后 24～48 小时内,局部组织缺血,急性无菌性反应剧烈,大量组织渗出水肿为主要病理改变。处理原则主要是制动、止血、防肿、镇痛和缓解炎症反应。损伤后即刻采用制动、冷敷、加压包扎和抬高患肢等一系列处理。严禁于伤处按摩和热疗。

中期:损伤 24～48 小时后,出血停止,急性炎症消退,局部淤血,肉芽组织正在形成,组织正在修复。此期可持续 1～2 周。处理原则是改善局部血液循环,促进组织的新陈代谢。可采用热疗、按摩、药物及传统中医药方法等多种方法交替进行,同时安排小运动量的功能康复练习。

后期:损伤基本恢复,肿胀、压痛等局部征象已经基本消失,但局部肉芽组织的强度和弹性均低于正常组织水平,组织粘连仍然存在,再生的新组织也仍未达到正常组织的物理特性水平。处理原则是增强肌肉力量,恢复关节活动度,松解粘连。通常以功能锻炼为主,治疗可采用理疗、按摩及其他中医药方法。外用药酒,主要用于运动系统的损伤治疗。使用时,先将药酒涂擦患处,然后在患处及其周围反复按、揉、抚摩,并配合捏压、弹拨、捋顺、旋转等辅助手法,以提高疗效。涂擦时以温擦为宜,这样有利于药酒渗透到皮下组织,发挥药物活血化瘀、消炎止痛的功效。按摩时间每次约 15～20 分钟,每日 1 次或隔日 1 次,一般每 5 次为一疗程。

外用药酒时应注意:

1.外用药酒多数为活血化瘀、行血止痛类药物,因而切忌内服,以免引起中毒反应;

2.按摩手法宜先轻后重,临近结束时再逐渐减轻;

3.软组织损伤在两天内出现局部出血、红肿,如果在患处用力按摩,会使症状加重,故不宜使用;

4.用药酒按摩时,注意不要直接按擦骨凸部,以免损伤骨面的软组织和骨膜组织而加重病情;

5.药酒按摩时不宜用于新鲜的骨折、关节脱位、表皮破损,对心、肝、肺、肾有严重疾患者也应禁止用该法治疗;

6.对有骨肿瘤、骨结核、软组织化脓性感染等,只可在疼痛较重处做表面涂抹,不要推拉重压,以免病灶扩散。

二、踝关节扭伤处理与防治

小腿由胫骨和腓骨组成,在前而粗者为胫骨,在后而细者为腓骨,脚的足弓顶部有一块骨头叫距骨。踝关节就是由胫骨、腓骨下端夹骑于距骨之上形成的,俗称"脚脖子"。胫骨下端向内突出的部分被称为内踝,腓骨下端向外突出的部分被称为外踝。踝关节囊前后较松,两侧较紧。踝关节的四周有韧带加强,内侧有三角韧带,外侧有三个独立的韧带。由于外侧的韧带较内侧的韧带弱,加上内踝较短,所以易发生足内翻(脚心朝内侧)而损伤外侧副韧带。踝关节扭伤时,距骨无活动余地,但在扭屈(提起脚跟)时,距骨可向两侧轻微活动,所以踝关节往往在扭曲位发生内翻位扭伤。

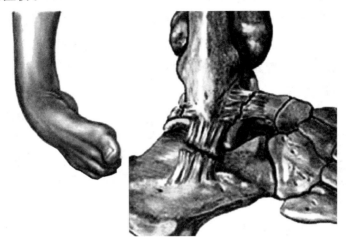

　　青少年踝关节扭伤的发生率较高,因为学生参加体育活动较多。若活动前准备不充分,活动时易发生扭伤;女生穿着高跟鞋走在高低不平的路上,或下台阶时思想不集中,易发生扭曲内翻,这时外侧副韧带突然过度牵拉,可引起踝部扭伤。踝部扭伤轻者韧带拉松或部分撕裂;重者则完全断裂,并有踝关节半脱位,或并发骨折脱位。踝关节扭伤后,病人外下方有疼痛、肿胀,急性期可有瘀斑。这时做足内翻的动作会加重疼痛,做足外翻则无疼痛。

踝关节韧带损伤

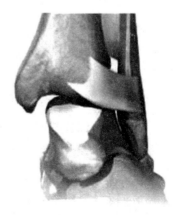

（一）踝关节扭伤怎么办

踝关节扭伤是全身关节扭伤中发病率最高的一种，是非常常见的临床疾病。踝关节扭伤尤其是以内翻损伤造成外侧副韧带拉伤撕裂甚至断裂的多见。当行走和疾跑落足或踩空或从高处坠落时，足外缘着地，足跖猛然内收，可引起踝外侧韧带被牵伸而扭伤，甚至部分撕裂，还可合并外踝撕脱性骨折。

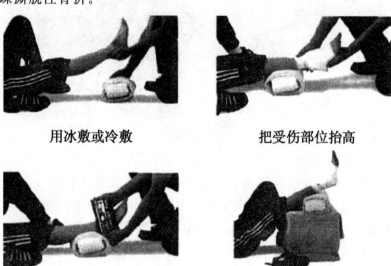

用冰敷或冷敷　　　　　　　　把受伤部位抬高

踝关节扭伤时有"裂帛"样撕裂感，局部肿胀，疼痛明显，患足不能负重行走，出现跛行，前跖不能着地。若仅为外侧副韧带扭伤水肿，症状可在 1~3 日内消失，若有韧带撕裂则疼痛持续，关节不稳，X 光片可以显示有无撕脱性骨折、距骨倾斜度增大或脱位现象。

踝关节扭伤后早期处理很重要，宜卧床休息，下地时持拐以防止踝关节负重，不能过早活动，休息应在两周以上。损伤后应立即用冷敷，切忌热敷，也不能使用局部揉搓等重手法，可以采用局部封闭以止痛。为了稳定关节可以让病人坐于椅上，小腿下垂，以窄绷带套住第四五趾由患者自己向上牵拉，使踝关节背伸时呈外翻。医生用三条 4 厘米宽的胶布，依次重叠一半由内踝上方绕过足跖面经外踝往上，贴于腓骨小头下方，再用绷带缠绕固定，制动数日。

固定制动应以矫枉过正为度,即将伤肢向受伤力量相反方向翻转,内翻位受伤外翻位固定,外翻位受伤内翻位固定。必要时用石膏或夹板固定。急性期过后可用热敷,并锻炼踝关节的屈伸内翻动作,或用按摩手法,依次摇转踝关节、跖屈和内翻、背伸外翻并按揉患处。韧带完全撕裂可做修补手术。少数病人愈后容易再次发生扭伤。

(二)踝关节扭伤为什么会造成长期足痛

踝关节扭伤后经合理治疗,多数病人可获痊愈,也有一些患者踝关节疼痛消失后遗留足外侧疼痛,长期不愈,甚至可达数十年,影响行走和劳动。这通常是由于跗骨窦内软组织同时损伤而造成的。跗骨窦由距骨沟和跟骨沟组成,窦口位于外踝前下方,窦内有骨间跟距韧带、脂肪垫和跟距关节滑膜及滑囊。踝关节扭伤时可引起跗骨窦内韧带、脂肪垫及滑膜损伤,产生无菌性炎症,损伤愈合后可出现瘢痕挛缩及韧带紧张,产生足背外侧疼痛及跗骨窦口处压痛,有时还可向足趾放射。软组织病变引起植物神经功能紊乱,出现小腿及足部感觉异常,发冷,沉紧无力、不自主发抖。

用局部封闭窦内后疼痛可立即消失。踝关节扭伤后应注意休息,局部理疗、封闭治疗都可以采用。如保守治疗无效,疼痛顽固者,可用手术切除跗骨窦内软组织,用明胶海绵塞入跗骨窦内止血和消灭死腔。

(三)踝关节扭伤的防治

1.引起踝关节扭伤的原因和原理。根据解剖特点,踝关节是由胫、腓骨下的关节面与距骨上部的关节面(距骨滑车)构成。足的屈肌力比伸肌大,内翻肌力比外翻肌力大;加之外踝比内踝长,内踝三角韧带比外侧的三个韧带坚固。因此,内翻比外翻的活动幅度大。此外,距骨体前宽后窄,当足背伸时,距骨完全进入踝穴,踝关节稳定,不易扭伤,而当跖屈时,距骨后面窄的部分进入踝穴前面宽的部分,踝关节相对不稳定,容易发生扭伤。球类运动技术复杂,在练习中技术动作的转换比较频繁,要求不断改变方向、急停急起等,尤其是篮球运动中的抢篮板球,排球运动中的跳起扣球,学生离开地面在腾空阶段,足就处于跖屈内翻位,如果落地时身体重心不稳,向一侧倾斜或踩在他人的脚上和球上,或高低不平的地面上,而学生又缺乏自我保护的应变能力,就会以足的前外侧着地,使足内翻,导致损伤。

2.症状。伤后踝关节内侧或外侧有明显的压痛;内、外踝有明显肿胀,局部有皮下淤斑,踝关节活动受限,行走困难。

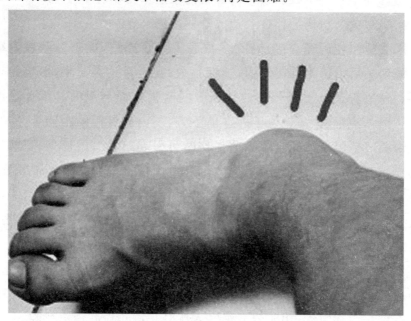

3.踝关节扭伤的现场处理。伤后立刻给予冷敷,加压包扎,抬高患肢,固定休息,外敷新伤药。

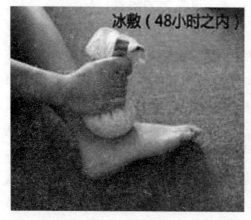

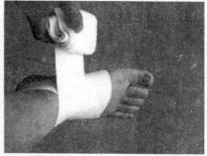

4.按摩治疗。3天后,可进行轻手法按摩:(1)按摩解溪穴(足背踝关节横纹的中央,拇长伸肌腱与趾长伸肌腱之间)1分钟;(2)按摩昆仑穴(外踝与跟腱连线的中点)1分钟;(3)按摩悬钟穴(外踝尖上3寸,腓骨前缘)1分钟;(4)按摩阳陵泉穴(腓骨小头下方凹陷中)1分钟。以上穴位按摩均以患者有酸胀感为度。

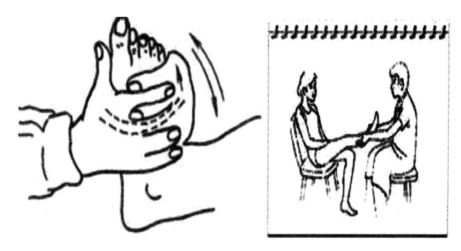

5.伤后练习。肿痛减轻后,即应在支持带固定下着地行走或扶拐行走,1～2周后可进行肌肉力量和协调性练习,在沙地上慢跑或在凹凸的斜面上行走或跳跃练习,并逐步进入正规练习。

6.加强预防措施。造成损伤的一个重要原因是缺乏自我保护意识,不重视预防措施。因此,要充分做好准备活动,搞好场地设施,培养和提高自我保护能力,提高踝关节的肌肉力量以及踝关节的稳定性和协调性,练习时应戴好保护支持带。

(四)踝关节扭伤为什么常出现于外侧

人们在日常生活中,上下楼梯,步行逛街,公园漫步,稍不留意时踏空了台阶,碰撞了砖石、树墩等,都容易扭伤踝关节。但凡有扭伤,大部分出现于外侧踝下部,而内侧较少见,原因何在呢? 这是由于外踝比内踝要长一些,于是支撑住了踝关节外侧,同时,内踝部分有一组坚强的韧带,称为"胫侧副韧带"(又叫"三角韧带"),呈扇形自内踝伸展到足骨上,紧紧地拉住了踝关节内侧。两者同时发生作用,当踝关节扭动时防止踝关节向外翻,而是经常地令踝关节过度向内翻,这时就使比较薄弱的腓侧副韧带发生撕裂损伤。这就是踝关节扭伤多见于外侧(也即是腓骨侧)的原因。

还有另外一个原因,是小腿内侧支配足部的肌肉群如胫前肌、胫后肌均较强大有力,可以稳定住踝关节内侧,不使其外翻移位;相反,小腿外侧支配足部的腓骨长肌、腓骨短肌相对比较薄弱,一遇扭伤时,它不能紧紧地控制踝外侧稳定不动,而是被迫拉伸而令踝关节过度内翻扭伤踝的外侧。

踝关节外侧扭伤时,由于腓侧副韧带的撕裂出血,使外踝下方连及足背部出现血肿、皮下瘀斑,局部有明显压痛,检查时如将足部被动向内翻,则因牵扯伤处而感剧痛,如向扭伤的外侧翻,则疼痛不明显。踝关节扭伤的诊断一般不难,但必须排除常常合并存在的腓骨骨折。如有骨折可疑,需要拍 X 光片来确定。治疗以对症为主。新鲜扭伤可立即冰敷,或向局部喷射冷冻剂,以抑制出血肿胀,并妥帖包扎固定。新鲜扭伤忌按摩、被动运动、立即行走活动,这样做都会加重局部损伤及出血。1～2 天后可局部热敷,照射红外线灯,使用短波透热疗法。2～3 天后可练习步行活动,局部轻柔按摩或辅以被动活动。1～2 周左右可趋痊愈,严重的韧带撕裂则需要较长的时间康复。如不加注意还可能再次扭伤。差不多每天都有 2.5 万美国人扭伤踝关节,但却很少有人对这个问题引起注意。当脚部扭转不当就会造成踝外部韧带的过度伸展和弯曲,加利福尼亚的整形外科专家 Glenn Pfeffer 称,人们要依靠踝关节运动和工作,如果踝关节的扭伤得不到及时治疗,可能会造成关节不稳定并发症,如关节疼痛或反复出现扭伤的情况。据说,治疗踝关节扭伤最好的办法是休息,冰冻,压迫,抬升踝关节。如果情况严重,就要用绷带缠住关节,病人也要做适当的运动以防关节僵硬。

当然,最好是预防出现扭伤的情况。在进行排球和网球运动时要做准备活动,用绷带缠住关节也是一个好的方法。

据英国《泰晤士报》报道,澳大利亚一所大学的最新研究报告显示,穿上气垫运动鞋在运动的时候更加容易使踝部关节受伤。报道说,研究人员对约1万名篮球运动员进行的调查表明,穿气垫鞋的和不穿气垫鞋的运动员相比,受伤的几率为4:1。他们大部分是在跳高落地时弄伤踝部的。该结果一经公布,便在体育界和商界引起不小的震动。某气垫运动鞋制造商的发言人迅即发表讲话称,该公司对报告非常重视。

(五)踝关节扭伤

踝关节扭伤是指踝关节韧带损伤或断裂的一种病症。此为骨伤科常见多发病,可发生于任何年龄,小儿中学龄期儿童活动量较大,发病较多。现代医学认为,踝关节扭伤多在行走、跑步、跳跃或下楼梯时发生。下坡时,踝跖屈位,突然向外或向内翻,外侧或内侧副韧带受到强大的张力作用,致使踝关节的稳定性失去平衡与协调,而发生踝关节扭伤。以外踝损伤最为常见。中医学认为,踝关节扭伤的发生是由于外伤等因素,使踝部的经脉受损,气血运行不畅,经络不通,气滞血瘀而致。常见症状为,踝部明显肿胀疼痛,不能着地,伤处有明显压痛、局部皮下瘀血。如外踝韧带扭伤,则足内翻时疼痛明显;内踝韧带扭伤,则足外翻时疼痛明显。如果是韧带撕裂,则可有内、外翻畸形、血肿。

1.按摩方法一

(1)患儿仰卧,家长以拇指点揉丘墟、太溪、昆仑、申脉、阳陵泉,力量由轻到重,每穴操作半分钟。

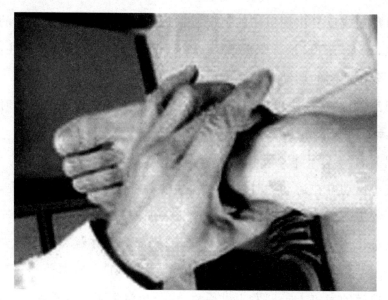

（2）家长一手固定足部，另一手大鱼际着力，在踝关节周围进行轻柔缓和的揉摩，时间为2～5分钟。

（3）家长一手握住足跖部，另一手握住足跟部，拇指按在伤处，两手稍用力向下牵引，同时进行轻度内翻和外翻，时间为1～3分钟。

（4）家长一手托住足跟，一手握住足跖部，同时用力，在拔伸的同时将踝关节尽量背伸，然后做环转运动，时间为1～3分钟。

（5）家长以拇指和其余四指相对用力，自上向下，反复中揉1～3分钟，然后两手掌相对用力，横搓下肢1分钟。

2.按摩方法二

（1）患儿仰卧，家长以大鱼际轻擦损伤部，以透热为度。

（2）以拇指指腹，在损伤的局部用轻柔的按揉法进行治疗，时间为1～3分钟。

（3）患儿坐位，家长一手由外侧握住足跟，用拇指压于韧带所伤之处，另一手握住跖部，用摇法1分钟。

（4）家长双手握住足部，在拔伸力量下将足跖屈，再背屈，同时，以拇指向内向下用力按压韧带损伤部位,以患儿能耐受为度,如此反复操作5～8次。

(5)家长双手掌相对用力,自膝关节向下,反复搓揉至踝关节周围,以局部发红透热为度,时间为 2～5 分钟。

3.生活调理

(1)对踝关节扭伤严重者,应到医院拍 X 片检查,以排除骨折和脱位,如发现骨折应立即请医生处理。

(2)在踝关节扭伤的急性期,手法要轻柔和缓,以免加重损伤性出血,同时不要热敷。

(3)在恢复期,手法适当加重,同时可以配合局部热敷,或活血通络的中药外洗,常能收到比较满意的疗效。

(4)注意损伤的局部应防寒保暖。

(5)在扭伤早期,较重者宜制动,根据病情给予适当固定,1～2 周后解除固定,进行功能锻炼。

在外力作用下,关节骤然向一侧活动而超过其正常活动度时,引起关节周围软组织如关节囊、韧带、肌腱等发生撕裂伤,称为关节扭伤。轻者仅有部分韧带纤维撕裂,重者可使韧带完全断裂或韧带及关节囊附着处的骨质撕脱,甚至发生关节脱位。关节扭伤日常最为常见,其中以踝关节最多,其次为膝关节和腕关节。

三、解剖概要、损伤原因及病理

踝部包括踝关节和距骨下关节,是下肢承重关节。前者由胫腓骨下端与距骨体上面组成,后者由距骨下面与跟骨组成。胫腓骨下端有内外踝和侧副韧带连接,使踝关节相当稳定。内踝下有坚韧的三角韧带和腓距前、后韧带,此韧带比较薄弱,作用为限制足的内翻活动。在过度的强力内翻或外翻活动时,如行走在不平路面,高处落地或跑跳时落地不稳,均可引起外侧或内侧韧带损伤,部分撕裂或完全断裂或撕脱性骨折。如早期治疗不当,韧带过度松弛,可造成踝关节不稳,易引起反复扭伤,甚至关节软骨损伤,发生创伤性关节炎,严重影响行走功能。

四、临床表现与诊断

1.外侧韧带损伤

由足部强力内翻引起。因外踝较内踝长和外侧韧带薄弱,使足内翻活动度较大,临床上外侧韧带损伤较为常见。外侧韧带部分撕裂较多见,其临床表现是踝外侧疼痛、肿胀、走路跛行;有时可见皮下瘀血;外侧韧带部位有压痛感;足内翻时,引起外侧韧带部位疼痛加剧。外侧韧带完全断裂,较少见,局部症状更明显。由于失去外侧韧带的控制,可出现异常内翻活动度。有时外踝有小片骨质连同韧带撕脱,叫撕脱性骨折。内翻位摄片时,伤侧关节间隙增宽。X片检查可见撕脱骨片。

2.内侧韧带损伤

由足部强力外翻引起,发生较少。其临床表现与外侧韧带损伤相似,但位置和方向相反。表现为内侧韧带部位疼痛、肿胀、压痛,足外翻时,引起内侧韧带部位疼痛,也可有撕脱性骨折。

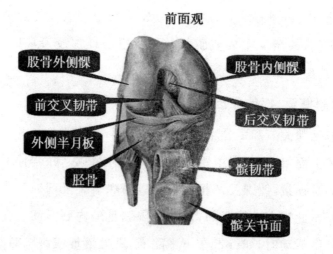

前面观

股骨外侧髁　　　　股骨内侧髁

前交叉韧带　　　　后交叉韧带

外侧半月板　　　　髌韧带

胫骨

髌关节面

第十一章　健康评价

林崇德教授认为,心理健康标准的核心是:凡对一切有益于心理健康的事件或活动做出积极反应的人,其心理便是健康的。对于中小学心理健康在每个方面的具体标准,很难包揽无遗地逐条列出,但是,大体可从下面三个方面加以概括:一是敬业,二是乐群,三是自我修养。

一、学习方面的心理健康

学习是中小学生的主要活动。心理健康的学生是能够进行正常学习的,在学习中获得智力与能力,并将习得的智力与能力用于进一步的学习中。由于在学习中能充分发挥智力与能力的作用,就会产生成就感;由于成就感不断得到满足,就会产生乐学感,如此形成良性循环。具体地说,学习方面的心理健康,表现在以下六个方面:

1. 体现为学习的主体。心理健康的学生,时时处处表现出自己是学习活动的主人和积极的探索者。

2. 从学习中获得满足感。心理健康的学生从学习中获得满足感,并从中增强对自己的信心,充分相信自己具有学习的能力。

3. 从学习中增进体脑发展。心理健康的学生能合理使用体脑,顺应大脑兴奋和抑制的活动规律,注重一定的运动调节,能借助体脑获得智力与能力的更好发展。

4. 从学习中保持与现实环境的接触。每个人都有幻想,心理健康的学生与有心理障碍的学生的根本区别在于前者的幻想有一定的现实基础且在时间上比较短暂,不会妨碍其学习和人际交往。

5. 从学习中排除不必要的恐惧。心理健康的学生能摆脱消极情绪的困扰,进行合理的调节。

6. 从学习中形成良好的学习习惯。心理健康的学生会制订学习计划,独立思考,按时完成作业,经常复习、预习功课,长期坚持努力学习,逐渐形成良好的学习习惯。

二、人际关系方面的心理健康

人总要与他人交往并建立一定的人际关系。中小学生的人际关系主要涉及亲子关系、师生关系和同伴关系等方面。学生处理错综复杂的人际关系的能力直接体现了其心理健康水平。在人际关系方面,心理健康表现在以下六个方面:

1. 能了解彼此的权利和义务。心理健康的学生了解彼此的权利和义务,既重视对方的要求,又能适当满足自己的需要,从而保证人际关系的健康发展。

2. 能客观地了解他人。心理健康的学生不会以表面印象来评价他人,不将自己的好恶强加于人,而是客观公正地了解和评价他人。

3. 关心他人的需要。心理健康的学生知道只有尊重和关心别人,才能得到回报。良好的人际关系只有在相互信任、尊重和关心中才能获得发展。这就是"君子贵人而贱己,先人而后己"的道理。

4. 诚心地赞美和善意地批评。心理健康的学生不是虚伪地恭维别人,而是诚心诚意地称赞别人的优点。对于对方的缺点也不迁就,而是以合理的方式加以批评,并帮助其改正。

5. 积极地沟通。心理健康的学生对沟通采取积极主动的态度,在沟通中明确地表达自己的想法,并认真听取别人的意见。他们沟通的方式

是直接的,而不是含糊其词,在积极的沟通中增进人与人之间的感情和
友谊。真诚的友谊意味着健康。

6. 保持自身人格的完整性。心理健康的学生能与人和谐相处,亲密
合作,但不放弃自己的原则和人格,即在保持个性和差异的前提下亲密
合作。

三、自我方面的心理健康

心理健康的人了解自己,并悦纳自
己。"人贵有自知之明",心理健康的人
能正确客观地认识自我,了解自己的能
力、性格、需要。他们既不自卑,也不盲
目自信;他们经常进行自我反思,看到自
己的长处,更能容纳自己的不足,并寻求
方法加以改进。心理健康的人常常能正
确地认识自我、体验自我和控制自我,主
要表现在以下六个方面:

1. 善于正确地评价自我。心理健
康的学生必须学会正确地评价自我,不
为他人的议论所左右,能够一分为二地看问题,从而逐渐成为自信、自
尊、自爱、自重的心理健康的人。

2. 通过别人来认识自己。心理健康的学生能经常反躬自问:"我在

某方面的情况与别人相比怎么样?"他们除同周围的人相比较之外,还常与理想的自我相比。心理健康的学生把别人当成自己的一面镜子,能虚心地、批判地接受别人的评价,从中认识自我。

3. 及时正确地归因。及时而正确地归因能够达到自我认识的目的,因为学业成绩或工作成果通常反映了一个人能力的大小或努力的程度。但如何归因呢? 是归因于运气、教师教得怎样、能否提供条件等客观原因,还是归因于主观的能力与努力的程度? 心理健康的学生,主要归因于主观。

4. 扩展自己的生活经验。心理健康的学生不断扩展自己的生活范围,从中不断地充实自我,超越自我,悦纳新的自我。

5. 根据自身实际情况确立抱负水平。心理健康的学生,善于根据自己的能力水平和目标的难易程度,把抱负水平定在既有一定的实现把握,又有可能冒失败风险的层次,以此激发自己努力进取。

6. 具有自制力。心理健康的学生善于为既定的目标而克服困难,迫使自己去完成应当完成的任务;善于抑制自己的其他不良行为和冲动,

遇到挫折不忧郁、不悲愤,镇定对待,分析根源,保持乐观态度,早起早睡、锻炼身体、健康饮食、远离毒品。

健康的具体表现形式如下:

1. 有足够充沛的精力,能从容不迫地应付日常生活和工作的压力。

2. 处事乐观,态度积极,乐于承担责任,不挑剔事务的巨细。

3. 善于休息,睡眠良好。

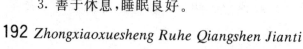

4. 应变力强,能适应环境的各种变化。

5. 能够抵抗一般性感冒和传染病。

6. 体重适当,身材匀称,站立时,头、肩、臂位置协调。

7. 眼睛明亮,反应敏锐,眼睑不发炎。

8. 牙齿清洁,无空洞,无痛感,牙龈颜色正常,无出血现象。

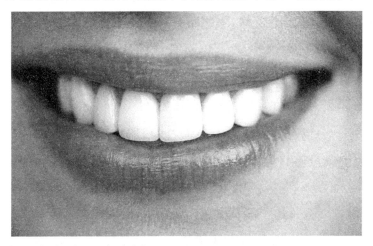

9. 头发有光泽,无头皮屑。

10. 肌肉、皮肤有弹性,走路感到轻松。

第十二章　运动的注意事项

我们知道生命在于运动,要想健康,必须进行运动。为了更好地取得运动的效果,避免不必要的身体伤害,我们应当知道运动中的有关注意事项。

一、必须养成运动习惯,保证运动时间

养成运动习惯是健康生活中最重要的,那种"三天打鱼两天晒网"式的运动,对健康没有好处。一般情况下,对于从事轻体力工作的人来说,每天都要运动,运动时间最少半小时,最好是一小时以上。

二、循序渐进,量力而行

这是大多数人都知道的,在运动强度上,有多大力用多大力,这个比较好掌握,不好掌握的是运动量。有的人对自己感兴趣的运动,玩起来会忘记一切,结果造成运动器官的伤害。对此,我深有体会。有几次单位组织乒乓球比赛,我由于平时上肢很少运动,突然进行练球和比赛的大运动量,造成肩部肌肉和关节损伤。另外,对于平时很少运动的人来说,要避免进行大运动量的运动。勉强进行大运动量的运动,严重的会因为心力衰竭而危及生命。

三、上下左右都要动

从现在人们的运动情况看,是下半身运动多,上半身运动少,右手运动多,左手运动少,造成身体上下左右运动不平衡,不利于身体的全面发展。我工作期间,由于主要是用骑自行车上下班来代替平时的运动,虽然运动量不小,但是由于上半身运动太少,身体曾出现问题。有几年,我的背部受凉,还有搬重物后腰部酸痛,都和缺乏上半身运动有关。所以,我们平时运动,上下左右都动起来比较好。我发现早晨有人打羽毛球,两只手都拿着球拍打,挺好的。

四、剧烈运动与一般运动相结合

现在人们的运动,多数都是一般强度的运动,缺乏高强度的剧烈运动。我认为,每个星期应当进行最少一次剧烈运动,强度应接近或达到人的极限水平为好。这样做的目的,就是在高强度的运动状态下,身体的有关生理机能处于高强度的运行水平,使人的生理机能长期保持在较高水平。我现在常常用最快的速度跑四五百米,使心跳达到每分钟150次以上,呼吸都满足不了需要,有时出现短时头晕情况(这是大脑供血不足的表现），这样做的目的就是锻炼心肺功能。

五、体力运动和脑力运动都要有

一提健身运动，许多人立刻想的是体力运动。其实，我们不应当忽视脑力运动。大脑是人最重要的器官，人与其他动物的区别，就是人有一个发达的大脑。保持大脑处于良好的运行状态，是我们健康生活的主要任务之一。人的脑细胞，会随着人的衰老逐步减少。我们进行脑力运动的目的，就是要减缓脑细胞的死亡速度，使我们长期拥有一个具有良好功能的大脑。进行脑力运动的方法很多，比如，看书看报，下棋，玩游戏，猜谜语，写文章，聊天，等等。

六、运动中注意安全

在运动中注意安全是十分重要的，如果忽视安全，就可能对我们的身体造成伤害，甚至会危及人的生命。安全涉及面很广，我这里简单谈一谈。

1. 在大型健身器械上运动，要有专业人员做指导，小孩在器械上运动，要有成年人的保护。曾有报道，有小孩在社区的健身器械——单杠上头朝下摔下来的情况。

2. 晚上不要在黑暗的地方运动，以防发生意外。

3. 运动场地，不要选在车流量多的大路上，要选择广场、公园、湖边、河边、体育运动场所等空气较好的地方。

4. 在室内运动时,要注意室内的通风,还要特别注意室内有无装修污染。我国一个很有名的健身教练,患白血病去世,我估计很可能与装修污染有关。在她患白血病以前,她曾在全国许多地方开了健身房,我所在的安阳市就有一家。每开一家健身房,都要进行一定的装修,那几年对室内装修的污染情况不像现在这样重视。对新开张的健身房,她一般都要亲临指导。

七、运动中的注意事项

1. 运动强度要循序渐进。每次从轻强度预备活动开始，逐渐增加运动强度，运动后要做整理活动。

2. 充分了解当日自己的身体状况和气候条件，如疲劳、疾病等身体状态欠佳，可暂停。冬季要注意保暖，夏季要多饮水，同时为防治低血糖，应随身携带糖果。

3. 运动着装宽松，特别是鞋袜，不要磨破脚，要保护好足部，以免诱发糖尿病足。

4. 防止发生意外。要随身佩戴自己的治疗卡，外出活动时要告诉亲人活动的时间及地点。

5. 密切观察运动反应，如心率、血压、脉搏、呼吸及自我感觉，特别要注意心脏病变情况，如活动时出现的心绞痛等。

6. 运动量适宜。有运动的感觉，运动后感到轻松愉快，不要运动量太大（非常劳累、疲乏）或运动量不足（无运动感觉）。

八、运动后的注意事项

健身运动可增强体质，也能预防许多疾病，可谓百利而无一害。然而值得注意的是，运动过后要注意正确的休息方式。

1. 不宜立即蹲坐休息。健身运动后若立即蹲坐下来休息，会阻碍下肢血液回流，影响血液循环，加深机体疲劳。剧烈运动时血液多集中在肢体肌肉中。由于肢体肌肉强力地收缩，会使大量的静脉血迅速回流到心脏，心脏再把有营养的动脉血压送到全身，血液循环极快。如果剧烈运动刚一结束就停下来休息，肢体中大量的静脉血就会淤积于静脉中，心脏就会缺血，大脑也就会因供血不足缺氧而出现头晕、恶心、呕吐、休克等症状。该情况多见于那些运动量比较大的活动，如长跑。正确的做法是在每次运动结束后，多做一些放松、整理活动，如慢行、压腿等。

    2. 不在大汗淋漓时洗冷热水浴（或游泳）。运动后大汗淋漓时,体表毛细血管扩张,体内热量大量散发。此时若遇冷水则导致毛细血管骤然收缩,易使身体的抵抗力降低,而引起疾病。若此时马上洗热水澡,就会增加体表的血流量,引起心脏、大脑供血不足,有发生心脑血管意外的危险性。

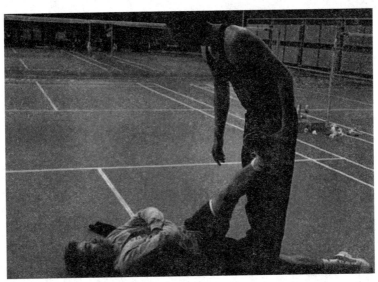

3. 不"省略"整理活动。每次运动后感觉心力俱乏时,应适当放松,如徒手操、步行、放松按摩等,会有助于消除肌肉的疲劳,快速恢复体力。

4. 不要贪吃冷饮。运动后人体消化系统仍处于抑制状态,贪吃大量冷饮,极易引起胃肠痉挛、腹泻、呕吐,并易诱发胃肠道疾病。

5. 不宜立即大量喝水。剧烈运动后如果一次性喝水过多,会使血液中盐的含量降低,天热汗多,盐分更易丧失,降低细胞渗透压,导致钠代谢的平衡失调,发生肌肉抽筋等现象。由于剧烈运动时胃肠血液少、功能差,对水的吸收能力弱,过多的水分渗入到细胞和细胞间质中。脑组织被固定在坚硬的颅骨内,脑细胞肿胀会引起脑压升高,使人头疼、呕吐、嗜睡、视觉模糊、心律缓慢等"水中毒"症状。一次性喝水过多,胃肠会有不舒适的胀满感,若躺下休息更会因挤压膈肌影响心肺活动。所以剧烈活动后口渴不可喝水太多,应采用"多次少饮"的方法喝水。

6. 不应立即吃饭。运动时,全身的血液进行重新分配,使得胃肠道的蠕动减弱、各种消化腺的分泌也大为减少,若在运动后不经休息立即吃饭,就容易引起人体消化系统的紊乱和功能性失调,易得病。

7. 不宜大量吃糖。有的人在剧烈运动后觉得吃些甜食或糖水很舒服,以为运动后多吃甜食有好处,其实运动后过多吃甜食会使体内的维生素 B_1 大量被消耗,人就会感到倦怠、食欲不振等,影响体力的恢复。

因此,剧烈运动后最好多吃一些含有维生素 B_1 的食品,如蔬菜、肝、蛋等。

8. 不宜骤降体温。如果室外温度较高,运动后会感到燥热难耐,倘若此时立即走进空调房间或风口纳凉小憩,会打破正常的生理调节机能,使生理功能失调,易得感冒、腹泻、哮喘、风寒痹痛等疾病。

9. 不宜吸烟。运动后吸烟因人体新陈代谢加快,体内各器官处于高水平工作状态,而使烟雾大量进入体内,还会因运动后的机体需要大量氧气又得不到满足而更易受一氧化碳、尼古丁等物质的危害,此时吸烟比平时对你的危害更大,同时氧气吸收不畅还会影响机体运动后的恢复过程,人更易感到疲劳。

10. 不宜饮酒。剧烈运动后人的身体机能会处于高水平的状态,此时喝酒会使身体更快地吸收酒精成分而使其进入血液,因而对肝、胃等器官的危害就会比平时更甚。长期如此可引发脂肪肝、肝硬化、胃炎、胃溃疡、痴呆症等等疾病。运动后就是喝啤酒也不好,它会使血液中的尿酸急剧增加,使关节受到很大的刺激,引发炎症,造成痛风等。